Examina[tion]

W. F. H. WHITMARSH, M.A.
Licencié ès Lettres

LONGMAN

LONGMAN GROUP LIMITED
Associated companies, branches and
representatives throughout the world

First published 1977

ISBN 0 582 33109 9

Acknowledgements

We are grateful to the following for permission to reproduce
copyright material:

Librairie Ernest Flammarion for extracts from *Les Hommes de
Bonne Volonté* by Jules Romains; Editions René Julliard for
extracts from *Mes Evasions* by Général Giraud; Oxford and
Cambridge Schools Examination Board for six picture composi-
tions from Ordinary Level papers.

Our thanks also to the copyright holders whom we have been
unable to trace for extracts from *Jours de Gloire* by Marcel
Pavigny and *Notre Tour de la Terre* by D. Costes and J. M. Le
Brix.

Printed in Great Britain by
Richard Clay (The Chaucer Press) Ltd.,
Bungay, Suffolk

Examination French

Contents

Foreword

After a few years' use, a French text-book begins to look over-familiar, probably more so to the teacher than to the taught. Teachers rather tire of reading the same texts year after year and would like to see something fresh. For this reason we now offer a work similar in structure to the *New Simpler French Course*. Also this provides the opportunity to adjust to prevailing standards and interests. In this new book the number of French texts for translation and comprehension has been increased. The grammar is more selective. While there are no practice sentences as such, verb forms receive special treatment in Section Three (Translation into French).

The French texts in Section One (Translation) and Section Two (Comprehension) are modern in content; the vocabulary is fairly wide. The texts increase in difficulty through both Sections. In Section Two (Comprehension) batches of questions in both English and French are provided, since some Boards set this test in English, some in French.

There is nowadays less emphasis on translation into French; nevertheless the majority of Examinations still include a simple *thème*. In a more general way, it is difficult to see how this side of the work can be neglected, since all pupils who go on to more advanced study have to make a serious start in *thème* sooner or later. In our Section Three there are 44 short, graduated passages; the earlier ones are preceded by some very necessary practice in verb forms. This Section is backed up by the Summary of Grammar (Section Five), which has been pruned to absolute essentials.

Section Four (Free Composition) comprises some notes on method, a generous selection of subjects and a few picture-series which have been used for the O Level test.

W. F. H. Whitmarsh

French

Passages

for Translation

1 Mistaken for a wedding guest

Je bus mon apéritif, je me levai et me dirigeai vers la porte d'entrée, dans l'intention de faire un petit tour sur la place avant de manger.

En passant dans le couloir, je me trouvai devant la porte ouverte de la salle à manger. Je m'arrêtai un instant pour y jeter un coup d'œil. Il y avait déjà du monde; il régnait un grand brouhaha; tous buvaient et bavardaient; les réjouissances avaient commencé.

Tout à coup une vieille femme me regarda fixement, leva les bras et cria:

— Ah, Emile! Emile! mon petit Emile!

Puis elle se leva de sa chaise et se précipita vers moi, les bras tendus. Elle se jeta à mon cou et m'embrassa sur les deux joues:

— Ah, dit-elle, il y a si longtemps que je ne t'ai vu! C'est vrai que tu as vieilli un peu, mais je t'ai reconnu tout de suite!

Puis, haussant la voix, elle cria:

— Dites à tout le monde qu'Emile est arrivé!

J'étais entouré de femmes, jeunes et vieilles, qui voulaient toutes m'embrasser. J'étouffais presque, je ne pouvais pas placer un mot pour leur expliquer qu'elles se trompaient.

Soudain quelqu'un me saisit par le bras comme pour m'entraîner. C'était la patronne, qui pouffait de rire:

— Venez, monsieur, me dit-elle, ce n'est pas ici que vous mangerez. Ceci, c'est le repas de noces.

En sortant, je me retournai et je dis aux invités étonnés:

— Je m'excuse. Bon appétit, messieurs-dames.

2 Advice to canoeists

Au petit déjeuner les deux garçons causèrent avec la patronne. Elle était d'avis qu'ils devaient renoncer à leur voyage:

— Si vous continuez, leur dit-elle, vous allez courir des dangers. Il y a des endroits où le courant est très fort, surtout là où la rivière est étroite. Puis il y a les barrages. Quand la rivière est en crue, les barrages sont extrêmement dangereux: la force de l'eau briserait vos canoës et vous seriez noyés. J'entends dire aussi qu'il y a partout des inondations. Je vous conseille vivement de ne pas aller plus loin.

Malgré ces avertissements, nos jeunes gens ne songeaient qu'à repartir. Toute la matinée ils interrogeaient le ciel du regard, espérant voir quelque éclaircie. Enfin, du côté du vent, le ciel devint plus clair et il monta de l'horizon une bande lumineuse: le beau temps arrivait.

Pendant qu'ils déjeunaient, le soleil se mit à briller. Après le repas ils sortirent, joyeux, mirent leurs canoës à l'eau et y chargèrent leurs affaires.

Quand ils allèrent régler leur note, l'aubergiste les regarda en hochant la tête:

—Ah, vous êtes imprudents, vous savez, leur dit-il. Cependant, si vous tenez à courir des risques, si le danger ne vous dit rien, c'est votre affaire. Vous ne pensez pas à vos parents? S'ils savaient ce que vous faites, ils seraient très inquiets, c'est moi qui vous le dis!

3 Unfounded fears

Le lendemain matin, vers huit heures, mes fils, tout essoufflés, sont entrés en courant dans notre chambre:

—Qu'est-ce qu'il y a? leur ai-je demandé.

—Oh, a dit Charles, c'est ce gros chien! Nous allions entrer dans la maison, lorsque ce chien a paru et nous a poursuivis jusque dans le couloir et l'escalier. Il nous a effrayés, tu sais!

Aussitôt nous avons décidé de nous en aller le jour même. J'en ai prévenu le patron, qui a pris un air vexé. J'avais envie de lui dire qu'il ferait bien de se débarrasser de son horrible chien.

Comme je portais une valise à la voiture rangée devant la porte, le gros dogue est accouru. Pendant un instant j'ai eu peur et j'ai failli battre en retraite. Mais le chien s'est arrêté

3

à deux pas de moi. Dans sa gueule il tenait une balle; il remuait la queue. Alors il a laissé tomber la balle à mes pieds, il l'a regardée fixement pendant un instant, l'a touchée doucement d'une patte, puis il a levé la tête vers moi. Il me disait clairement:

—Tu vois, je ne suis pas méchant du tout! Viens jouer avec moi. Allez, ramasse la balle, jette-la au loin, pour que je m'amuse à courir la chercher! Tiens, la voilà! Allez, lance-la!

Il était trop tard.

4 Are snails nice eating?

A ce moment le patron parut, la serviette au bras. Il repéra Gaston et vint lui serrer la main:

—Vous avez choisi, monsieur? demanda-t-il poliment.

—Je viens juste de regarder le menu. Pouvez-vous me proposer quelque chose de vraiment bon?

—Oh oui, monsieur. Pour commencer, des escargots . . . des escargots superbes, succulents. Quand vous aurez mangé une douzaine de nos escargots, vous verrez comme ils sont bons!

— Des escargots? dit Gaston, douteux. Je ne pense pas. Je n'ai jamais eu envie d'en manger. On me dit qu'ils ne sont pas intéressants, que cela ressemble à du cuir.

—Ah, monsieur, ça dépend, ça dépend. Dans beaucoup de restaurants de Paris, les escargots ne valent rien, ils ne sont pas frais. Mais ici, monsieur, ils sont tout ce qu'il y a de plus frais. On les élève à quelques kilomètres d'ici, dans un établissement spécial, où on les nourrit avec des choux, des tonnes de choux. C'est sain, c'est propre.

—Tout de même, dit Gaston, il m'est difficile de surmonter une certaine répugnance pour les escargots.

—Mais pourquoi? dit le patron en étendant les mains. Vous aimez, je suppose, les huîtres, les moules, les fruits de mer?

—Bien sûr!

—Eh bien, c'est la même chose. En quoi les escargots

sont-ils différents des huîtres et des coquillages? . . . Allons, monsieur, je vous ferai apporter deux ou trois escargots et vous allez voir si vous les aimez. D'accord?

—Un seul, dit Gaston.

—Mais sérieusement, un seul? . . . Très bien.

5 Do donkeys ever talk?

Un soir d'été, Piscou était assis au bord du chemin, à regarder distraitement son âne qui broutait l'herbe, lorsqu'il vit approcher un homme à bicyclette. Arrivé à hauteur de Piscou, cet individu s'arrêta et lui demanda:

—C'est loin d'ici, Rodez?

—A six kilomètres, à peu près. Tu en as pour un quart d'heure ou vingt minutes.

—Alors je ne suis pas pressé, dit l'inconnu.

Il déposa son vélo sur l'herbe et s'assit à côté de Piscou pour causer un peu. Ils parlèrent de choses et d'autres, et enfin l'inconnu, regardant l'âne qui mangeait des chardons de l'autre côté du chemin, dit à Piscou:

—Ils sont drôles, les ânes, et ils sont beaucoup plus intelligents qu'ils n'en ont l'air. Surtout les vieux ânes. Au cours d'une longue vie ils apprennent des choses. A force d'écouter parler les gens, ils finissent par comprendre tout ce qu'on leur dit. A ce que j'ai entendu dire, il y a même des ânes qui parlent.

Piscou eut un petit rire:

—Voyons, dit-il, qu'est-ce que tu racontes là? A part les perroquets, il n'y a pas de bêtes qui parlent. C'est seulement dans les vieilles histoires et les contes de fées que les animaux peuvent parler. Ecoute-moi bien. Toute ma vie j'ai eu affaire à des bêtes: vaches, porcs, chevaux, moutons, chiens, chats, et jamais je n'ai connu de bête qui puisse prononcer un seul mot. Allez, ne me raconte pas de stupidités. Me prends-tu pour un imbécile?

6 Back in familiar places

Un jour que Jean-François s'était risqué à flâner par les rues, et que le hasard de la marche l'avait conduit jusque dans ce Montmartre où il était né, un souvenir inattendu l'arrêta devant la porte de l'école des Frères dans laquelle il avait appris à lire. Comme il faisait très chaud, cette porte était ouverte, et, d'un seul regard, Jean-François put reconnaître la paisible salle d'étude. Rien n'était changé: ni la lumière tombant par la grande fenêtre, ni le crucifix au-dessus de la chaire, ni les gradins réguliers avec les pupitres garnis d'encriers, ni le tableau des poids et mesures, ni la carte géographique sur laquelle étaient même encore piquées les épingles indiquant les opérations d'une ancienne guerre. Distrait et sans réfléchir, Jean-François lut, sur le tableau noir, cette parole de l'Evangile qu'une main savante y avait tracée comme exemple d'écriture:

«Il y a plus de joie au ciel pour un pécheur qui se répent que pour cent justes qui persévèrent.»

C'était sans doute l'heure de la récréation, car le Frère professeur avait quitté sa chaire, et, assis sur le bord d'une table, il semblait conter une histoire à tous les gamins qui l'entouraient, attentifs et levant les yeux.

7 No change

En se promenant sur le boulevard, M. Portas aperçut un autobus arrêté au bord du trottoir, entouré de gens qui parlaient haut et faisaient de grands gestes. M. Portas crut d'abord à un accident, mais, s'étant approché, il vit une dame qui, debout sur la plate-forme, échangeait des propos irrités avec le receveur:

—Et moi je vous dis que je ne descendrai pas!

—Et moi, je vous dis que vous descendrez! Ecoutez, madame. Est-ce raisonnable de présenter un billet de cent francs quand il s'agit de payer quinze centimes? Je n'ai même pas la monnaie de cent francs: je viens juste de prendre mon service. Vous n'aviez qu'à changer votre billet avant de monter!

—Je veux bien le changer, mais alors conduisez-moi à la Banque de France!

—A la Banque de France? Allons, madame, vous plaisantez!... Voyons, voulez-vous descendre, autrement l'autobus ne part pas, on reste ici.

—Je m'en fiche! cria la dame, l'œil étincelant.

Les voyageurs commençaient à protester:

—Finissez-en! hurla l'un d'eux. Nous n'avons pas envie de coucher ici!

Mais alors un monsieur bien habillé, ayant quitté sa place, vint se planter sur la plate-forme:

—Calmez-vous, mes amis, dit-il. Je crois pouvoir donner à cette dame la monnaie de cent francs.

Il tira son portefeuille:

—Tenez ... cinquante ... soixante ... soixante-dix ... quatre-vingts ... quatre-vingt-dix ... et cent. Voilà.

La dame lui remit en souriant son billet de cent. Sans plus rien dire, le receveur laissa monter une douzaine de personnes; l'autobus se mit en marche.

8 Baulked by a barn owl

On était en janvier, il faisait un temps clair et froid. La terre était couverte d'une mince couche de neige; il gelait. Le soleil s'était couché, il faisait presque nuit, mais la lune brillait clair. Je me trouvais près d'une mare, où il m'était difficile de me cacher. Le seul abri qui s'offrait était un vieux saule. Je m'adossai au tronc de cet arbre et j'attendis, en regardant le ciel.

—Qu'est-ce que c'est que ça? me dis-je tout à coup. Des oiseaux! de gros oiseaux! Des canards!

Ils étaient sept. Ils étaient à cent cinquante mètres environ. Ils tournèrent en cercle, ils passèrent derrière moi, ils reparurent, cette fois plus près. Je savais qu'ils finiraient par s'abattre sur la mare, mais, étant fort circonspects, ils reconnaissaient bien l'endroit avant de descendre.

Ils venaient de disparaître derrière moi pour la troisième fois. Ils n'étaient plus qu'à cinquante mètres. Dans un instant, j'en étais sûr, ils passeraient devant moi pour se poser enfin sur l'eau. Sans tourner la tête, je hasardai un coup d'œil. Les voilà! ils viennent, ils vont se poser. Le cou tendu, les ailes raides et légèrement repliées en arrière, ils descendaient droit vers la mare. J'entendais le sifflement de leurs ailes, qui devenait plus fort à mesure qu'ils se rapprochaient. Ils allaient passer à quinze mètres. Maintenant, feu! . . . Mais à l'instant où je levai mon fusil, il apparut tout à coup devant mes yeux une apparition blanche; deux grandes ailes battaient silencieusement à un mètre de ma tête; deux yeux ronds et luisants regardaient les miens . . . C'était une chouette qui voulait regagner son trou dans le vieux saule!

9 Italian lessons

A Nice, à cause de ma santé, je menais une existence fort calme. Je me promenais, je lisais des journaux, des romans; de temps en temps j'allais au théâtre, au concert. Cependant, au bout de quinze jours, je commençai à m'ennuyer. J'avais besoin de faire quelque chose d'intéressant pour m'occuper une partie de mon temps.

Un jour, en lisant *Le Niçois*, j'aperçus une petite annonce: «Professeur diplômé donne des leçons d'italien. S'adresser Forcini, 18 rue Grosso.»

Voilà une façon intéressante et intelligente de passer mon temps: j'apprendrais l'italien. Mes connaissances de cette langue étaient minimes, mais j'aimais l'Italie et il me paraissait évident que mes voyages dans ce pays seraient beaucoup plus agréables si je connaissais mieux la langue. J'écrivis donc au professeur Forcini, le priant de venir me voir.

Le lendemain il se présenta à l'hôtel. C'était un petit homme au visage maigre, aux cheveux grisonnants; il portait des lunettes. Il avait les dents gâtées et le nez violet.

Il était habillé d'un complet noir fort usé, et où se voyaient des taches de graisse.

Je le priai de s'asseoir, nous nous mîmes à causer. Forcini parlait couramment le français, puisqu'il habitait en France depuis des années. Il me demanda si je parlais l'italien. Je lui répondis que je n'en connaissais que quelques mots et qu'il fallait me considérer comme un débutant.

10 The unloved drawing-room

—La pièce la plus désagréable de la maison! m'a vivement expliqué Arlette.

—Vraiment? Comme vous êtes dure pour cette pauvre pièce!

—Pas du tout! Vous allez voir!... Les meubles y sont rangés correctement les uns près des autres. Ils ont l'air de vieilles personnes désagréables, laides et immobiles qui s'ennuient. Papa est comme moi: il déteste le salon et y entre seulement quand il ne peut faire autrement. Moi, lorsque j'y vais trouver mon piano, je ferme les yeux pour le traverser... Vous comprenez que comme les chaises et les fauteuils y ont été, y sont et y seront éternellement à la même place, je ne risque pas de les rencontrer sur mon chemin!

J'ai demandé curieusement:

—Vous êtes musicienne?

—C'est-à-dire que je chante ce que j'aime. Mais à ma manière... Et cette manière vous semblerait peut-être très laide, car je n'ai jamais pris de leçon.

De plus en plus intrigué, j'ai interrogé:

—Est-ce que je n'aurai pas le plaisir de vous entendre?

—Quoi? Chanter? Oh! ce soir tant que vous voudrez!

J'ai dû me contenter de cette réponse et abréger mes remerciements, car Arlette ouvrait devant moi la porte du fameux salon.

11 The trespasser

Fatigué de marcher sur la grand'route, je pris un petit chemin à droite. Il n'y avait pas de poteau indicateur, et ce chemin finissait probablement dans une ferme. En effet, après plusieurs minutes de marche, j'arrivai devant une barrière, sur laquelle il y avait un écriteau, *Défense absolue de camper*.

Je franchis la barrière et me dirigeai vers la ferme, que je voyais à quelque distance. Quand je fus à cinquante mètres de la maison, il en sortit trois enfants et un chien. Celui-ci courut en aboyant vers moi. Je serrai ma canne dans ma main, prêt à me défendre si la bête se montrait méchante. Mais il n'en fut rien. Le chien tourna autour de moi en aboyant toujours, mais en même temps il remuait la queue. Les enfants me regardaient en souriant timidement; peut-être me prenaient-ils pour un ami venu en visite chez leurs parents.

Mais alors le fermier arriva, l'air soupçonneux:

—Où allez-vous? me dit-il. Qu'est-ce que vous voulez?

Je lui expliquai que j'étais simplement en promenade, que je voulais faire un détour à travers champs, pour regagner enfin la grand'route. Alors il fut plus aimable. Il me dit qu'en général il n'aimait pas que les gens s'introduisent sans autorisation dans ses terres:

—Vous savez, monsieur, me disait-il, si je permettais aux gens de faire tout ce qu'ils veulent, ma ferme serait complètement ruinée. En été, surtout, il y a des tas de jeunes campeurs qui s'imaginent qu'ils ont le droit de dresser leurs tentes n'importe où. Ils arrivent comme ça, sans aucune autorisation, ils allument du feu, ils vont partout chercher du bois; ils volent nos fruits; il leur est arrivé même de marcher dans mon blé. C'est pourquoi j'ai mis l'écriteau que vous avez vu . . . Mais un monsieur comme vous, qui fait tout seul une petite promenade, c'est différent. Au fond je ne demande pas mieux que de faire plaisir aux gens.

12 The faked picture

—Moutard? Qui était Moutard?

—C'était un pauvre type qui vivait à bord d'une vieille barque. Il se disait pêcheur, mais il ne levait jamais l'ancre pour sortir du port. Par hasard il avait vu Ducaze signer un tableau d'un nom qui n'était pas le sien, et il a remarqué que ce nom était Van Gogh. Cela l'a intrigué. Il a donc écrit à une parente à Marseille, en lui demandant de se renseigner à la bibliothèque. Florence (c'est ainsi qu'on appelait la parente) lui a répondu que le peintre en question était mort depuis longtemps et que ses tableaux se revendaient à des prix énormes. Alors, tu vois, Moutard a compris le truc. Voulant sa part des bénéfices, il s'est mis en tête de faire chanter Ducaze et le marin.

—Tu veux dire qu'il les obligeait à chanter des choses comme *Sous les ponts de Paris?* A quoi est-ce que ça sert?

—Non, mon pauvre ami, tu ne comprends pas. Faire chanter quelqu'un, c'est lui demander de l'argent en menaçant de révéler quelque chose.

—Alors, Moutard est allé leur demander carrément de lui donner une partie des bénéfices?

—Pas si bête! Un soir, au café, quand il était à moitié ivre, Moutard a commencé à parler haut, affirmant qu'il avait un parent qui était policier. En même temps il fixait Ducaze du regard et celui-ci comprenait fort bien ce qu'il voulait dire.

13 The runaway returns

Un coup brusque à la vitre nous fit lever la tête. Debout contre la porte, nous aperçûmes le grand Meaulnes secouant avant d'entrer le givre de sa blouse.

Les deux élèves du banc le plus rapproché de la porte se précipitèrent pour l'ouvrir: il y eut à l'entrée comme un vague conciliabule, que nous n'entendîmes pas, et le fugitif se décida enfin à pénétrer dans l'école.

Cette bouffée d'air frais venue de la cour déserte, les

morceaux de paille qu'on voyait sur les habits du grand
Meaulnes, et surtout son air de voyageur fatigué, affamé,
mais émerveillé, tout cela fit passer en nous un étrange
sentiment de plaisir et de curiosité.

M. Seurel était descendu du petit bureau à deux marches
où il était en train de nous faire la dictée, et Meaulnes
marchait vers lui d'un air agressif. Je me rappelle combien
je le trouvai beau, à cet instant, le grand garçon, malgré son
air épuisé et ses yeux rougis par les nuits passées au dehors,
sans doute.

Il s'avança jusqu'à la chaire et dit, du ton très assuré de
quelqu'un qui rapporte un renseignement:

—Je suis rentré, monsieur.

—Je le vois bien, répondit M. Seurel, en le considérant
avec curiosité. Allez vous asseoir à votre place.

Le gars se retourna vers nous, le dos un peu courbé,
souriant d'un air moqueur, comme font les grands élèves
indisciplinés lorsqu'ils sont punis, et, saisissant d'une main
le bout de la table, il se laissa glisser sur le banc.

adapted from ALAIN-FOURNIER *Le grand Meaulnes*
Emile-Paul Frères

14 A Breton festival

Un peu après deux heures, toute notre famille s'installa donc
à la terrasse pour assister au défilé. Enfin on entendit au loin
sur la route un roulement de tambours et une grande fanfare.
Le cortège s'approcha. Derrière les musiciens marchaient
deux petits enfants en costume breton. Tout le monde
applaudit. Ensuite venaient une soixantaine d'autres enfants,
toujours en costume breton. Derrière eux marchaient des
couples de jeunes filles et de jeunes hommes. Les personnes
plus âgées, parents et vieillards, fermaient la marche. Tout
le monde portait le costume breton, les femmes en coiffe et
en longues robes brodées de vives couleurs, les hommes
coiffés du chapeau noir, avec la veste brodée, la culotte et
des bas blancs.

Tout ce défilé fut longuement applaudi par la foule assemblée devant l'hôtel. Puis, à notre surprise, la tête de la colonne fit demi-tour et le cortège se rapprocha. Tout en continuant de jouer, les musiciens se groupèrent sur la route devant nous et les jeunes Bretons se mirent à exécuter pour notre plaisir des danses bretonnes. Tantôt ils dansaient au son de la fanfare, tantôt au son d'une demi-douzaine de cornemuses dont jouaient des jeunes hommes robustes.

A un moment donné, une auto s'arrêta près de l'hôtel et il en descendit trois ravissantes jeunes Bretonnes en costumes splendides. Je me précipitai, en braquant mon appareil:

—Un instant, mesdemoiselles, leur criai-je. Permettez que je prenne une photo.

Elles s'arrêtèrent en souriant pour se laisser photographier.

15 A weird legend

On parlait aussi d'un cheval ou d'un mulet, d'autres disaient un gros cochon, qui apparaissait parfois devant les buveurs qui sortaient du cabaret. Une nuit, en Avignon, une bande de jeunes fêtards, qui avaient beaucoup bu, aperçurent un cheval noir qui sortait d'un égout.

—Oh! quel cheval superbe! fit l'un d'eux . . . Attendez, que je saute dessus.

Et le cheval se laissa monter:

—Tiens, il y a encore de la place, dit un autre; moi aussi je vais monter.

Et voilà qu'il monte aussi.

—Voyez donc, il y a encore de la place, dit un autre garçon.

Et celui-là grimpa aussi; et, à mesure qu'ils montaient, le cheval noir s'allongeait, s'allongeait, tellement que, ma foi, douze de ces jeunes fous étaient à cheval déjà quand le treizième s'écria:

—Jésus! Marie! grand saint Joseph! je crois qu'il y a encore une place!

Mais, à ces mots, l'animal disparut et nos douze fêtards se

retrouvèrent entassés pêle-mêle sur la chaussée. Heureusement pour eux! car, si le dernier n'avait pas crié: «Jesus! Marie! grand saint Joseph!» la bête fabuleuse les aurait emportés tous au diable.

16 The man who didn't come home

La jeune fille tourna le bouton de la radio, et le silence devenait soudain absolu.

Maigret, lui, jouait avec sa pipe qu'il avait laissée s'éteindre.

—Il y a longtemps que votre beau-frère est sorti?

On voyait, au mur, une pendule, au cadran de laquelle la jeune fille jeta un coup d'œil machinal.

—Un peu avant dix heures . . . Peut-être dix heures moins dix . . . ? Il avait un rendez-vous à dix heures dans le quartier . . .

—Vous ne savez pas où?

On remuait dans la chambre voisine plongée dans l'obscurité, et dont la porte restait entr'ouverte.

—Dans un café sans doute, mais je ne sais pas lequel . . . Tout près d'ici, sûrement, puisqu'il a annoncé qu'il serait rentré avant onze heures . . .

—Un rendez-vous d'affaires?

—Certainement . . . Quel autre rendez-vous pouvait-il avoir? . . . Vous connaissez mon beau-frère?

—C'est-à-dire . . . un peu . . . Il lui arrivait souvent d'avoir des rendez-vous le soir?

—Non . . . Rarement . . . On pourrait dire jamais.

—On lui a sans doute téléphoné?

Car Maigret venait d'apercevoir un appareil téléphonique sur une petite table.

—Non . . . C'est en dînant qu'il a annoncé qu'il avait une course à faire à dix heures . . .

La voix devenait anxieuse. Et un léger bruit, dans la chambre, révélait que Mme Goldfinger venait de quitter son lit, pieds nus, et qu'elle devait se tenir debout derrière la porte pour mieux entendre.

GEORGES SIMENON *Maigret et l'inspecteur malgracieux*
Presses de la Cité

17 Roosting places

Un après-midi d'hiver, vers quatre heures, je sortis pour aller acheter quelque chose à la boutique du coin. En passant devant une maison, j'aperçus un merle qui rentrait à son gîte dans un buisson juste devant une fenêtre. Evidemment ce merle avait accaparé ce bon coin pour lui et y passait toutes ses nuits.

Plusieurs jours après, en passant devant cette maison à la même heure, je fus surpris de voir le merle qui volait çà et là en poussant des cris de détresse. Alors je me rendis compte qu'il n'y avait plus de buisson devant la fenêtre : les nouveaux propriétaires de la maison l'avaient arraché. Le merle semblait s'indigner, crier à l'injustice, réclamer son buisson. Il avait l'air de dire : «Et alors ? Que diable a-t-on fait de ma chambre ? J'y avais droit ! Quel imbécile l'a fait disparaître ?»

On observe que, si les oiseaux ont l'habitude de fréquenter un endroit, ils ne le quittent qu'à regret ; il est difficile de les chasser. Dans mon jardin, par exemple, il y a un massif de bambous. Les après-midi d'hiver, si je passe près de ce massif, j'effraie des douzaines d'oiseaux qui s'y sont déjà réunis pour passer les longues heures de la nuit. Au milieu de ces bambous serrés, ils sont plus ou moins à l'abri du vent. Quand je passe, j'entends un grand battement d'ailes, des pépiements irrités. Quelques oiseaux s'envolent pour aller se percher ailleurs pendant un moment ; d'autres tiennent bon, ou bien ils passent de l'autre côté du massif. Si je reviens deux minutes plus tard, tous les oiseaux sont déjà rentrés dans les bambous, et le jeu recommence.

18 The ruined umbrella

Le monsieur revint et, s'inclinant:
— Qu'y a-t-il pour votre service, madame?
Elle articula péniblement:
— Je viens pour . . . pour ceci.
Le directeur baissa les yeux, avec un étonnement naïf, vers
l'objet qu'elle lui tendait.
Elle essayait, d'une main tremblante, de détacher l'élas-
tique. Elle y réussit après quelques efforts et ouvrit brusque-
ment le pauvre squelette du parapluie.
L'homme prononça, d'un ton compatissant:
— Il me paraît bien malade.
Elle déclara avec hésitation:
— Il m'a coûté soixante francs.
Il s'étonna:
— Vraiment! Tant que ça?
— Oui, il était excellent. Je voulais vous faire voir son état.
— Fort bien; je vois. Mais je ne vois pas en quoi cela peut
me concerner.
— Mais . . . il est brûlé . . .
Le monsieur ne nia pas:
— Je le vois bien.
Elle restait la bouche ouverte, ne sachant plus que dire:
puis soudain elle prononça:
— Je suis Mme Oreille. Nous sommes assurés à cette
compagnie, et je viens vous réclamer le prix de ce dégât. Je
demande seulement que vous fassiez recouvrir mon parapluie.
Le directeur, embarrassé, déclara:
— Mais, madame . . . nous ne sommes pas marchands de
parapluies. Nous ne pouvons pas nous charger de ces genres
de réparations.

adapted from MAUPASSANT

19 The end of the voyage

J'avais jeté l'ancre devant un fort américain. Au petit jour, des soldats m'aidèrent à amarrer le *Firecrest* le long d'une jetée. Presque aussitôt un grand nombre de curieux, de photographes et de reporters montèrent à bord. Tous furent très surpris d'apprendre que je venais de France. Le bateau grec que j'avais rencontré en mer avait bien signalé mon arrivée; mais on avait cru à une farce d'un bateau de pêche égaré sur les bancs. Quelques-uns aussi me soupçonnèrent de me livrer à la contrebande de l'alcool. Moi qui n'avais pas parlé depuis trois mois, je dus répondre pendant toute une journée aux interminables questions des journalistes. Je dus aussi me prêter aux fantaisies des photographes, et il me fallut même, alors que je n'avais pas dormi depuis trois jours, monter plusieurs fois au haut du mât pour satisfaire aux demandes des opérateurs cinématographistes.

Je n'étais plus chez moi à bord, et mon domaine était constamment envahi par une foule de visiteurs. Je dus de nouveau me soumettre aux tyrannies de la vie civilisée. Entre autres choses, je me souviens qu'il me fut très pénible de me remettre à porter des souliers.

ALAIN GERBAULT *Seul, à travers l'Atlantique*
Grasset

20 A plan for escape

Jeanne, demandai-je, cette chambre où vous êtes, communique-t-elle avec la cour?

—Oui.

—Pouvez-vous tirer vous-même le cordon?

—Oui, s'il n'y a personne dans la loge.

—Allez voir, et tâchez qu'on ne vous voie pas.

J'attendis, surveillant la porte et la fenêtre.

Jeanne reparut derrière les barreaux au bout de cinq ou six secondes, enfin!

—La bonne est dans la loge, me dit-elle.

—Bien, dis-je. Avez-vous une plume et de l'encre?

—Non.

—Un crayon?

—Oui.

—Passez-le-moi.

Je tirai de ma poche un vieux journal et, sous le vent qui soufflait à éteindre les lanternes, dans la neige qui m'aveuglait, j'arrangeai de mon mieux autour de ce journal une bande à l'adresse de mademoiselle Préfère.

Tout en écrivant, je demandai à Jeanne:

—Quand le facteur passe, il met les lettres et les papiers dans la boîte, il sonne? La bonne ouvre la boîte et va porter tout de suite à mademoiselle Préfère ce qu'elle a trouvé? N'est-ce pas ainsi que cela se passe à chaque distribution?

Jeanne me dit qu'elle croyait que cela se passait ainsi.

—Nous verrons bien. Jeanne, observez toujours, et dès que la bonne aura quitté la loge, tirez le cordon et venez dehors.

adapted from ANATOLE FRANCE *Le crime de Sylvestre Bonnard*

21 A car on fire

Mais soudain une grande voiture française arriva et vint s'arrêter avec un bruit de freins juste derrière l'auto anglaise. Une portière s'ouvrit brusquement et un homme sauta sur le trottoir, tenant à la main un extincteur long d'environ quarante centimètres. Il se précipita vers l'auto anglaise et, sans rien dire à personne, il essaya d'ouvrir le capot, mais le métal était trop chaud. Vite, il tendit l'extincteur à un des curieux en disant: «Gardez-moi ça un instant!» Puis, sortant de sa poche une paire de gants noirs, il les enfila. De nouveau il essaya d'ouvrir le capot: les attaches lui brûlaient les mains, même gantées. Il y alla plusieurs fois, puis soudain le capot fut ouvert, la fumée monta en tourbillonnant, on vit des flammes. L'homme arracha l'extincteur des mains de celui qui le tenait, en fit sortir un jet de liquide, qu'il dirigea sur le moteur. Au bout de cinq ou six secondes les flammes s'éteignirent, la fumée diminua; encore quelques secondes et il n'y en eut plus.

Le Français se retourna en souriant:

—Et voilà, dit-il, c'est fini!

La foule se pressait autour de lui; on lui posait des questions. Mais il traitait son aventure à la légère. Il leva son extincteur à bout de bras et dit en riant:

—C'est bon, n'est-ce pas, mon petit truc!

22 The mysterious shadow

Quand, au bout de quelques minutes, je rouvris les yeux, je vis ce que je n'oublierai jamais; je vis distinctement, au fond de la pièce, sur le mur blanchi à la chaux, une ombre immobile; c'était l'ombre d'une jeune fille.

Je la contemplai, ce me semble, pendant une minute. Je tournai ensuite la tête pour voir celle qui faisait une si belle ombre. Il n'y avait personne dans la salle . . . personne que la vieille femme occupée à mettre une nappe blanche sur la table.

De nouveau je regardai le mur: l'ombre n'y était plus.

Je réfléchis quelques instants, puis:

—La mère! dis-je, la mère! qui donc était là, tout à l'heure?

Mon hôtesse, surprise, me dit qu'elle n'avait vu personne.

Je courus à la porte. La neige, qui tombait abondamment, couvrait le sol, et aucun pas n'était marqué dans la neige.

—La mère! vous êtes sûre qu'il n'y a point une femme dans la maison?

Elle répondit qu'il n'y avait qu'elle.

—Mais cette ombre? m'écriai-je.

Elle se tut.

Alors je m'efforçai de déterminer, d'après les principes d'une exacte physique, la place du corps dont j'avais vu

l'ombre, et, montrant du doigt cette place :
—Elle était là, là, vous dis-je . . .

adapted from ANATOLE FRANCE *Le livre de mon ami*

23 Tahiti in modern times

Si le voyageur attend beaucoup de Tahiti, la beauté de l'île
ne le désappointe nullement. Avec le sommet de la montagne
perdu dans les nuages, les profondes vallées qui en descendent
vers la mer, la ceinture de corail qui l'encercle et sur laquelle
viennent se briser paresseusement les longues lames du
Pacifique, cette île est d'une beauté majestueuse, la reine des
mers du Sud.

Suivant la légende, Tahiti serait une sorte de paradis
terrestre, où la vie s'écoule dans une indolence et une gaieté
perpétuelles. Les premiers voyageurs parlent des belles
indigènes polynésiennes qui mettaient des fleurs dans leur
abondante chevelure noire, des adolescents souples et musclés,
beaux comme des dieux. A croire ces histoires, ces heureux
primitifs, vivant au sein d'une nature luxuriante, et presque
libérés du travail, passaient la plupart de leur temps à danser,
à chanter, à nager, à jouer ensemble.

De nos jours, la réalité efface moqueusement cette vision
romanesque. Si l'on visite aujourd'hui le chef-lieu, Papeete,
on trouve que c'est une ville comme les autres, avec des
magasins, des maisons de commerce, des banques, des
garages. Presque tous les habitants portent le costume
européen. La population indigène est composée pour la
plupart de métis, de demi-blancs. Cependant il existe encore
quelques purs Tahitiens, et on peut rencontrer quelquefois
d'admirables types de beauté polynésienne.

24 Making a film in Spain

Pedro m'expliqua:
—C'est un épisode de cette guerre qui est raconté par le film. Notre ville était aux mains de l'ennemi; il fallait la prendre d'assaut. Pour faire des brèches dans les remparts, on avait besoin d'un gros canon. Or, il n'y en avait pas dans la région, mais on savait qu'il y avait une grosse pièce d'artillerie dans un endroit fort éloigné d'Avila, à 50 kilomètres, 60 kilomètres, je ne sais plus. Selon l'histoire, les Espagnols et les Anglais ont traîné ce gros canon à travers le pays par la seule force de leurs muscles. Pour surmonter tous les obstacles, il leur a fallu des efforts inouïs. On devait franchir de hautes collines; pour passer les rivières, il fallait construire des ponts de fortune. Mais enfin la grosse pièce fut installée devant la ville et on a commencé le bombardement.
—Mais pour le film, dis-je, est-ce qu'ils ont un vieux canon?
—Bien sûr. Tu vas le voir.
—Mais ils ne bombardent pas les remparts?
—Ah, mais non! Naturellement la municipalité ne le permettrait pas! Nous allons nous promener de ce côté-là et tu vas voir comment ils font.
A ce moment-là un homme et une fort belle jeune femme vinrent s'installer à la terrasse tout près de nous. Ils parlaient anglais. Je les reconnus tout de suite pour les avoir vus souvent à l'écran. C'était un célèbre chanteur américain et une actrice italienne très connue, des vedettes du film.

25 Moving about in the dark

Il écouta: il ne se trompait pas, le bruit se précisa.
Et soudain il se rappela: à l'extrémité de la galerie, un escalier intérieur conduisait à un appartement inoccupé jusqu'ici, mais qui était, depuis ce soir, réservé à cette jeune fille que Devanne avait été chercher à Dieppe.

D'un geste rapide, il pressa du doigt le ressort de sa lampe électrique: elle s'éteignit. Il avait à peine gagné l'embrasure d'une fenêtre, qu'au bout de l'escalier la porte fut ouverte et qu'une faible lumière éclaira la galerie.

Il eut la sensation — car, à demi caché par un rideau, il ne voyait point — qu'une personne descendait les premières marches avec précaution. Il espéra qu'elle n'irait pas plus loin. Elle descendit cependant et avança de plusieurs pas dans la pièce. Mais elle poussa un cri. Sans doute avait-elle aperçu la vitrine brisée, aux trois quarts vide.

Au parfum, il reconnut la présence d'une femme. Ses vêtements touchaient presque le rideau qui le cachait, et il lui sembla qu'il entendait battre le cœur de cette femme, et qu'elle aussi devinait la présence d'un autre être, derrière elle, dans l'ombre, à portée de sa main . . . Il se dit: «Elle a peur . . . elle va partir . . . il est impossible qu'elle ne parte pas.» Elle ne partit point. La bougie qui tremblait dans sa main, s'affermit. Elle se retourna, hésita un instant, parut écouter le silence effrayant, puis d'un coup écarta le rideau. Ils se virent.

MAURICE LEBLANC *Arsène Lupin*

26 The sea-side Derby

Nous passions nos vacances au Pouliguen, près de La Baule, en Bretagne. Tous les soirs, après dîner, nous faisions un tour sur le port. Tout le long des quais s'alignaient des manèges, des baraques, des étalages de toutes sortes. Il y avait aussi une salle de danse, d'où sortait un son d'accordéons accompagné d'un bruit de pieds.

En approchant d'un certain endroit, on entendait le vacarme du Derby d'Epsom. Dans la baraque on avait une piste qui se déplaçait par petites secousses en faisant un bruit épouvantable. Sur cette piste mouvante les petits chevaux avançaient à des vitesses inégales. Les uns marchaient à une bonne allure au milieu de la piste, les autres tournaient sur eux-mêmes sans guère avancer; d'autres encore touchaient le bord et s'arrêtaient tout à fait. D'un petit coup de son bâton, la propriétaire les remettait en marche.

Avant chaque partie la bonne femme vendait des jetons et invitait les clients à faire leurs paris:

—Faites vos jeux! criait-elle d'une voix aiguë.

Enfin elle mettait en marche sa machine bruyante en criant:

—Rien ne va plus!

Si on gagnait, la patronne vous offrait un prix d'une valeur minime. Pour nos enfants ce jeu était passionnant et souvent nous passions une demi-heure au milieu de la foule et du vacarme du Derby.

27 Contradictions

Elle se contredisait dans une même phrase. Revenant d'un séjour à l'usine, en Limousin, je lui demandais:

—Qu'est-ce que vous avez fait dimanche?

—Dimanche? je ne sais plus . . . Ah! oui, j'ai été très fatiguée; je suis restée au lit toute la journée.

Cinq minutes après, comme nous parlions de musique, elle s'écriait tout d'un coup:

—Ah! j'ai oublié de vous dire: j'ai entendu dimanche dernier au concert cette *Valse* de Ravel dont vous m'aviez parlé. J'aime beaucoup ça . . .

—Mais, Odile, vous rendez-vous compte de ce que vous dites? C'est de la folie . . . Vous savez tout de même bien si, dimanche, vous étiez au concert ou dans votre lit . . . et vous ne pensez pas que je puisse croire les deux choses.

—Je ne vous demande pas de le croire. Quand je suis fatiguée, je dis n'importe quoi . . . Je n'écoute pas moi-même ce que je dis.

—Enfin, maintenant, cherchez un souvenir précis: Qu'est-ce que vous avez fait dimanche dernier? Etes-vous restée couchée ou êtes-vous allée au concert?

Elle restait confuse un instant, puis disait:

—Je ne sais plus, moi, vous me faites perdre la tête quand vous prenez votre air d'inquisiteur.

ANDRÉ MAUROIS *Climats*
J. Ferenczi et Fils

28 Trying to think

Vers le milieu de la nuit je m'éveillai soudain. Meaulnes était au milieu de la chambre, debout, sa casquette sur la tête. La chambre était très obscure. Pas même la clarté que donne parfois le reflet de la neige. Un vent noir et glacé soufflait dans le jardin mort et sur le toit.

Je me dressai un peu et je lui criai tout bas:

—Meaulnes! tu repars?

Il ne répondit pas. Alors, tout à fait affolé, je dis:

—Eh bien, je pars avec toi. Il faut que tu m'emmènes.

Et je sautai à bas du lit.

Il s'approcha, me saisit par le bras, me forçant à m'asseoir sur le bord du lit, et il me dit:

—Je ne puis pas t'emmener, François. Si je connaissais bien mon chemin, tu m'accompagnerais. Mais il faut d'abord que je le retrouve sur le plan, et je n'y parviens pas.

—Alors, tu ne peux pas repartir non plus?

—C'est vrai, c'est bien inutile . . . fit-il avec découragement. Allons, recouche-toi. Je te promets de ne pas repartir sans toi.

Et il reprit sa promenade de long en large dans la chambre. Je n'osais plus rien lui dire. Il marchait, s'arrêtait, repartait plus vite, comme quelqu'un qui, dans sa tête, repasse ses souvenirs, calcule, et soudain pense avoir trouvé, puis de nouveau lâche le fil et recommence à chercher.

adapted from ALAIN-FOURNIER *Le grand Meaulnes*
Emile-Paul Frères

29 No ticket

Le contrôleur revint, se planta devant lui ... Gurau se contenta de dire:

—Je ne le retrouve pas. Je l'ai perdu. Voilà tout.

Le contrôleur reprit:

—Vous n'avez même pas un billet de seconde?

—Il n'est pas question d'un billet de seconde, fit Gurau. J'avais un billet de première, provenant d'un carnet de première. J'ai dû le jeter distraitement. Il n'y a pas de quoi faire tant d'histoires.

Et il tendit un franc que l'autre ne prit pas.

—Vous pouvez me montrer votre carnet de première? dit le contrôleur.

Gurau fut un instant interloqué:

—Mais ... non ... Je me souviens que c'était le dernier billet du carnet. Je n'ai donc pas de carnet à vous montrer. J'ai dû tout jeter à la fois ... Et puis nous n'allons pas discuter deux heures pour un billet de vingt-cinq centimes.

Le contrôleur, avec ses méchantes. lueurs des yeux, triomphait en gardant son calme.

—A quelle station descendez-vous? demanda-t-il.

—A Quatre-Septembre.

—Bien.

A la station Quatre-Septembre, il revint près de Gurau, lui ouvrit la porte, descendit avec lui, et, tout en faisant signe à son collègue du wagon de queue de différer le départ du train, il conduisit Gurau, sur un simple «S'il vous plaît, monsieur» jusqu'à la cabine du chef de station. Beaucoup de voyageurs regardaient. Gurau sentit qu'il avait l'air d'un pickpocket surpris en flagrant délit.

JULES ROMAINS *Les Hommes de bonne Volonté*
Flammarion

30 A hurried departure

C'est alors qu'Anne apparut; elle venait du bois. Elle courait, mal d'ailleurs, maladroitement, les coudes au corps. J'eus l'impression subite, indécente, que c'était une vieille dame qui courait, qu'elle allait tomber. Je restai sidérée: elle disparut derrière la maison, vers le garage. Alors, je compris brusquement et me mis à courir, moi aussi, pour la rattraper.

Elle était déjà dans sa voiture, elle mettait le contact. J'arrivai en courant et m'abattis sur la portière.

—Anne, dis-je, ne partez pas, c'est une erreur, c'est ma faute, je vous expliquerai . . .

Elle ne m'écoutait pas, ne me regardait pas, se penchait pour desserrer le frein:

—Anne, nous avons besoin de vous!

—Vous n'avez besoin de personne, murmura-t-elle, ni vous, ni lui.

Le moteur tournait. J'étais désespérée, elle ne pouvait partir ainsi:

—Pardonnez-moi, je vous en supplie . . .

—Vous pardonner quoi?

Les larmes roulaient inlassablement sur son visage. Elle ne semblait pas s'en rendre compte, le visage immobile:

—Ma pauvre petite fille! . . .

Elle posa une seconde sa main sur ma joue et partit. Je vis la voiture disparaître au coin de la maison.

FRANÇOISE SAGAN Bonjour, Tristesse
Julliard

31 The colonel's little ways

Le colonel prit ses dispositions de combat.

—Demain matin, dit-il, rassemblement sur le quai à sept heures. Je passerai moi-même une inspection avant que l'on commence le travail.

Le vendredi matin, à sept heures, Barefoot, les travailleurs, les camions étaient rangés sur le quai dans un ordre excellent. Le colonel se leva à huit heures, prit son bain et se rasa. Puis il mangea ses œufs au jambon, des tartines de confiture, et il but ses deux tasses de thé. Vers neuf heures, sa voiture l'amena sur les quais. Quand il aperçut les hommes immobiles, les officiers qui saluaient et les camions alignés, son visage devint rouge comme brique et, se dressant dans son automobile, d'une voix furieuse il les harrangua :

—Quoi! dit-il, vous êtes donc incapables de la plus simple initiative? Et si je suis absent une heure, retenu par un travail plus important, il faut que tout s'arrête? Je vois que je ne puis compter ici que sur moi-même.

Le soir de ce jour, il réunit les officiers.

—Demain samedi, rassemblement à sept heures, et cette fois je serai là.

Le lendemain matin, par un vent de la mer qui leur lançait au visage une pluie glaciale, Barefoot, les travailleurs, les camions étaient rangés sur le quai. A sept heures et demie, le lieutenant agit:

—Il faut, dit-il, commencer à travailler.

ANDRÉ MAUROIS *Les Discours du Docteur O'Grady*
Grasset

32 An unwelcome encounter

Dix heures sonnèrent, enfin, puis le quart. Je descendis doucement et entr'ouvris la porte de la bibliothèque. Bonheur! Elle n'était pas éclairée. Si Cyrus Berk avait eu cette nuit la malencontreuse idée d'y travailler, tout aurait été à recommencer.

La demie sonna, il me fallait deux minutes à peine pour traverser le jardin. Je n'étais pas en retard.

J'ouvris la porte donnant sur le parc. Une bouffée d'air frais me fit du bien.

Comme je la refermais, je tressaillis : une main venait de se poser sur mon épaule.

En même temps une voix disait:

—Monsieur le professeur Vignerte. Vraiment, comme je suis heureux de vous rencontrer!

C'était le lieutenant de Hagen.

La nuit était noire et nous ne pouvions pas nous voir. Cependant, il me sembla que la main qu'il avait mise sur mon épaule tremblait un peu. Du coup, toute mon assurance me revint.

—Je vous croyais à votre mess, lui dis-je.

—J'y devais être, me répondit-il. On change quelquefois d'idée. Ainsi vous-même, vous aviez sans doute l'intention de passer la nuit à travailler dans votre chambre. Et pourtant vous voilà ici.

—Il fait si lourd ce soir, dis-je. J'ai eu envie de prendre un peu l'air du jardin.

—Je ne pense pas dans ces conditions que vous voyiez quelque inconvénient à ce que je vous accompagne dans votre promenade.

PIERRE BENOÎT *Koenigsmark*
Albin Michel

33 A warning

Michel allait partout, voyait tout, interrogeait, causait, et le soir prenait note des observations qu'il avait faites. Il y avait une heure ou deux qu'il était rentré et qu'il était à son occupation ordinaire, lorsqu'un inconnu se fit annoncer. C'était un Français assez mal vêtu, qui lui dit:

—Monsieur, je suis votre compatriote. Il y a vingt ans que je vis ici; mais j'ai toujours gardé de l'amitié pour les Français; et je me suis cru quelquefois trop heureux de trouver l'occasion de les servir, comme je l'ai aujourd'hui avec vous. Permettez-moi de vous dire qu'on peut tout faire dans ce pays, excepté se mêler des affaires d'Etat. Un mot inconsidéré sur le gouvernement peut vous coûter cher, et, si je ne me trompe, vous en avez déjà dit beaucoup. Je suis obligé de vous dire qu'on vous épie, on suit tous vos pas, on tient note de tous vos projets. On ne doute pas que vous rédigiez dans votre journal tout ce que vous voyez, tout ce que vous faites, que vous rapportiez tout ce que les gens vous répètent. Voilà ce que je tiens à vous dire. Monsieur, j'ai l'honneur de vous saluer.

Et il sortit.

34 A visitor's late departure

Une autre heure se passe, puis une troisième. Quelle est cette longue visite? Il est près de onze heures. Un rayon de la lune, qui se lève, vient de glisser à travers les arbres du jardin. Un gros chat noir traverse la pelouse en secouant ses pattes humides. La nuit lui donne des airs de tigre. Je vois en esprit la silhouette de Madeleine assise, les yeux fixés sur la cendre morte du foyer. Elle pense comme moi: «Il y a bien des années que M. Mouillard ne s'était couché à des heures pareilles!» Elle attend, car jamais une autre main que la sienne n'a poussé le verrou de la rue; la maison ne serait pas fermée, si elle ne l'était pas par elle.

Enfin la porte de la salle à manger s'ouvre:

—Permettez que je vous éclaire; attention aux marches de l'escalier.

Puis l'adieu de gens fatigués, le grincement de la grosse clef qui tourne dans la serrure, un pas léger qui s'éloigne dehors, le pas lourd de mon oncle qui monte à sa chambre: tout est fini.

Comme il monte lentement, mon oncle! La douleur a un poids; ce n'est point une métaphore . . . Il traverse le palier; il s'enferme dans sa chambre.

RENE BAZIN *Une Tache d'Encre*
Calmann-Lévy

35 Faded aristocrats

C'est alors que j'aperçus à l'autre bout de la terrasse la dame du manoir. Près d'elle étaient assis une jeune fille et un homme d'une soixantaine d'années qui devait être son mari, le vicomte. Celui-ci avait de longs cheveux blancs qui lui retombaient sur les épaules. Il portait un complet noir usé et il tenait à la main une grosse canne à bout de caoutchouc. Il se leva et je vis qu'il avait une jambe de bois. Sans rien dire à sa femme et à sa fille, il s'éloigna en boitant, appuyé sur sa canne.

La dame tourna la tête et m'aperçut. Elle dit quelque chose à sa fille, puis toutes les deux se levèrent et s'approchèrent. Je remarquai qu'elles s'étaient maquillées et avaient fait de leur mieux pour se faire élégantes; pourtant leurs robes de coton et leurs souliers étaient évidemment bon marché.

Je me levai, je serrai la main à la dame. Elle présenta sa fille, qui n'était guère jolie et commençait déjà à avoir le même teint fané que sa mère. A mon tour je présentai ma femme et mes filles. Nous causâmes pendant quelques minutes. Je fus on ne peut plus aimable et poli avec cette femme, car je sentais à quel point elle devait avoir besoin de prévenances et d'amitié. Enfin elle et sa fille s'éloignèrent du côté de leur vieux manoir délabré, et moi, pendant un temps, je restai triste et pensif.

36 Flying in from France

En approchant de la côte anglaise, l'avion a survolé un banc de nuages, et on ne voyait plus la terre. Un peu plus tard, par une large éclaircie, j'ai vu la Manche scintillante et des navires minuscules qui laissaient derrière eux un sillage blanc.

Un passager anglais s'est penché vers moi pour m'indiquer des falaises crayeuses:

—C'est Douvres . . .

Peu après, l'avion s'est mis à descendre; encore quelques

minutes de vol et il a atterri sans la moindre secousse: c'était l'aéroport de Londres.

J'ai suivi la file des passagers, ma valise à la main, et je suis entré dans un bâtiment où il fallait passer devant l'immigration et la douane. Tout cela fini, je suis sorti et on m'a indiqué, non loin de la porte, un car, où je suis monté avec d'autres voyageurs. Cinq minutes après, le car, où toutes les places étaient occupées, est parti et nous roulions sur une grande route vers Londres, nous arrêtant de temps en temps aux feux de circulation. Souvent on passait entre des rangées de petites maisons toutes pareilles, dont chacune avait, par devant, un jardinet avec une pelouse minuscule.

En pénétrant dans Londres, on croisait de plus en plus fréquemment les gros autobus rouges. La journée était splendide, il faisait chaud; sur les trottoirs on voyait des femmes en robes de couleur.

87 An extraordinary lecture

Enfin la voix cassée de l'orateur se fit entendre:

—Je vais vous lire, dit-il, un sonnet de Ronsard.

Il lut le sonnet. C'était un poète qui lisait de la poésie. Sa façon de dire des vers avait quelque chose d'émouvant, d'exaltant. Quand il eut fini, des applaudissements éclatèrent dans la salle. Le conférencier parut content.

Il se remit à feuilleter son livre. Peu à peu le brouhaha se rétablit, les rires nerveux recommencèrent.

Le conférencier leva la main:

—Je vais vous lire encore un sonnet de Ronsard, dit-il.

Il lut ce sonnet, mais d'une façon merveilleuse. Jamais je n'avais entendu lire de la poésie comme il le faisait. Poète lui-même, c'était un homme pour qui les vers vivaient d'une vie intense. C'était magnifique. De nouveau il fut salué d'applaudissements.

Le poète se remit à feuilleter son livre. Lire des poèmes était évidemment tout ce qu'il comptait faire. Il ne lut en tout que huit poèmes, mais avec la lecture des sonnets successifs, il semblait s'exalter de plus en plus, l'émoi de l'assistance grandissait, les applaudissements devenaient frénétiques. Mais ce ne fut qu'après la lecture du huitième poème que le phénomène se produisit. Au dernier vers, le poète fut debout, la main en l'air, et son dernier mot fut un grand cri de triomphe. En un instant, toute la foule des étudiants fut sur pied. Nous étions comme fous. On trépignait, on poussait des cris, on agitait les bras. Nous sentions les mêmes transports que manifestent les gens au concert, après avoir écouté de la belle musique.

Je remarquai, cependant, que les professeurs ne s'émouvaient point. Ils semblaient nous considérer comme des petits fous.

38 Caught in a blizzard

Le soleil brilla encore pendant une heure, puis le ciel s'assombrit, des nuages noirs, venant du nord, s'épaissirent, et l'air se fit plus glacial.

«Mon Dieu, dit tout bas la mère Faucille, pourrai-je arriver avant la neige?»

Ses vieilles jambes, redoublant d'énergie, essayèrent de gravir plus vite le chemin abrupt et pierreux, bordé de haies, qui serpentait entre les vignes. La fatigue la prit bientôt. Elle s'assit alors sur les herbes mortes d'un talus avec un gros soupir et ses paupières ridées furent mouillées de larmes.

Les premiers flocons de neige se mirent à tomber, lents et larges, et d'abord assez rares, palpitants dans leur vol comme de gros papillons; puis le grand ciel sombre les sema peu à peu en d'innombrables essaims sur la campagne, où l'on n'entendait que le frisson sec et sifflant des arbustes courbés par le vent. Une peur la prit alors, soudaine et angoissante, car les chemins allaient disparaître sous la neige, et la nuit glaciale approchait, nuit longue et sans étoiles, où le pays ne serait plus qu'un désert vague et sans limites apparentes.

Soudain elle entendit l'aboiement d'un chien. La bête l'avait repérée. La vieille parvint à se mettre debout, et bientôt elle aperçut, à travers le rideau de neige, un homme qui s'approchait.

39 The lunch-hour thief

—Moi aussi, au premier abord j'ai cru que c'était impossible. Mais Louis, lui, étudiait ce magasin-là depuis des semaines. Avant le déjeuner, les employés ne prennent pas la peine d'aller voir dans les coins et derrière les milliers d'imperméables pour s'assurer qu'il ne reste personne. On n'a pas l'idée qu'un client va le faire exprès de rester dans la boutique, vous comprenez? Tout le truc est là. Le patron, en partant, ferme la porte avec soin.

    —C'est toi qui t'es laissé enfermer? Après quoi, tu as forcé la serrure pour sortir avec la caisse?

    —Vous vous trompez. Et c'est justement ici que cela devient rigolo. Même si on m'avait pincé, on n'aurait pas pu me condamner, car il n'y aurait eu aucune preuve contre moi. J'ai vidé la caisse, soit. Je me suis rendu ensuite dans les cabinets. Près de la chasse d'eau, il existe une lucarne par laquelle on ne ferait pas passer un enfant de trois ans. Mais ce n'est pas la même chose d'y faire passer un paquet qui contient des billets de banque. La lucarne donne sur la cour. Comme par hasard, Louis est passé par là et a ramassé le paquet. Quant à moi, j'ai attendu que les employés reviennent, et qu'il y ait assez de clients pour qu'on ne prenne pas garde à moi. Je suis sorti aussi tranquillement que j'étais entré.

GEORGES SIMENON *Maigret et l'Homme du Banc*
Presses de la Cité

40 Among the strikers

A ce moment, il vit beaucoup d'hommes, en casquettes et vêtements de travail, accoudés au parapet du pont, des deux côtés. Plus loin, sur l'autre rive de la Seine, des hommes, d'aspect semblable, formaient une foule. Ils étaient debout, à peu près immobiles. Ils occupaient la chaussée et les trottoirs, laissant à peine le passage aux voitures.

Champcenais éprouva une brusque inquiétude. Il dit à son chauffeur:

—N'allez pas trop vite.

Seule une pudeur l'empêcha de faire demi-tour.

Il reprit:

—Surtout ne touchez personne . . . Il y a donc une grève? . . . Vous ne pourriez pas essayer de faire un détour?

Déjà la voiture était engagée dans la foule. Le chauffeur cornait, non sans impatience. Au son de la trompe, les visages se tournaient vers l'auto. Champcenais les avait tout près de lui. Il lui sembla qu'il n'avait jamais vu tant de visages d'ouvriers, tant de visages du peuple. Visages silencieux et tendus . . .

L'auto avançait au pas. Champcenais, presque malgré lui, passait le bras par la fenêtre de la voiture pour toucher l'épaule du chauffeur et l'obliger à faire attention. Il imaginait l'aile de l'auto frappant un homme, le renversant; et aussitôt un resserrement de la foule sur la voiture, un grondement, des cris, l'auto poussée de côté vers le fleuve, basculée dans l'eau avec tout ce qu'elle contenait.

JULES ROMAINS *Les Hommes de bonne Volonté : Le 6 Octobre*
Flammarion

41 Attack and rescue

Par cette belle nuit d'hiver, pure et froide, il y avait plaisir à marcher. On respirait bien. Le bruit des pas résonnait allègrement.

Mais au bout de quelques minutes, il eut l'impression qu'on le suivait. En effet, s'étant retourné, il aperçut l'ombre d'un homme qui se glissait entre les arbres. Il n'était point peureux; cependant il hâta le pas afin d'arriver le plus vite possible au boulevard des Ternes. Mais l'homme se mit à courir. Assez inquiet, il jugea plus prudent de lui faire face et de tirer son revolver.

Il n'en eut pas le temps, l'homme l'assaillit violemment, et tout de suite une lutte s'engagea sur le boulevard désert, lutte à bras-le-corps où il sentit aussitôt qu'il avait le désavantage. Il appela au secours, se débattit, et fut renversé contre un tas de cailloux, serré à la gorge, bâillonné d'un mouchoir, que son adversaire lui poussait dans la bouche. Ses yeux se fermèrent, ses oreilles bourdonnèrent, et il allait perdre connaissance, lorsque soudain, l'étreinte devint moins forte, et l'homme qui l'étouffait de son poids se releva pour se défendre à son tour contre une attaque imprévue. Un coup de canne sur le poignet, un coup de botte sur la cheville . . . l'homme poussa deux grognements de douleur et s'enfuit en boitant et en jurant.

Sans daigner le poursuivre, le nouvel arrivant se pencha et dit:

—Etes-vous blessé, monsieur?

M. LEBLANC *Arsène Lupin*

42 The Frenchman at the wheel

Les Anglais conduisent plutôt mal, mais prudemment. Les Français conduisent plutôt bien, mais follement. La proportion des accidents est à peu près la même dans les deux pays. Mais je me sens plus tranquille avec des gens qui font mal de bonnes choses qu'avec ceux qui font bien de mauvaises choses.

Les Anglais (et les Américains) sont depuis longtemps convaincus que la voiture va moins vite que l'avion. Les Français (et la plupart des Latins) semblent encore vouloir prouver le contraire.

Il y a, au fond de beaucoup de Français, un démon qui sommeille et que réveille le simple contact du pied sur l'accélérateur. Le citoyen paisible qui vous a obligeamment invité à prendre place dans sa voiture peut se changer sous vos yeux en pilote démoniaque. Jérôme Charnelet, ce bon père de famille qui n'écraserait pas une mouche contre une vitre, est tout prêt à écraser un piéton au kilomètre pourvu qu'il se sente *dans son droit*. Au signal vert, il voit rouge. Rien ne l'arrête plus, pas même la jaune. Sur la route jamais il ne veut se ranger. Ce n'est qu'après avoir subi une klaxon-nade continue qu'il consentira, de mauvaise grâce, à aban-donner le milieu de la chaussée.

adapted from PIERRE DANINOS *Les Carnets du Major Thompson* Hachette

Passages
for Tests
in Comprehension

1 A poodle is stolen

Ayant terminé leur repas sommaire, l'homme au veston à carreaux et sa compagne se préparaient à partir. L'homme régla l'addition, puis, ayant regardé longuement Sacha, il dit à la femme:

—C'est dommage que Jacques n'ait pas vu ce joli caniche.

Puis, se tournant vers Mme Fouquet, il dit:

—Nous sommes avec un ami, grand connaisseur de chiens, qui est actuellement au bar. Me permettez-vous de lui montrer Sacha un instant?

—Mais oui, si vous voulez, dit candidement Mme Fouquet.

L'homme prit Sacha doucement dans ses bras, lui baisa la tête et murmura:

—Viens, mon petit Sacha, que je te montre à Jacques.

Une minute passa... deux minutes. Mme Fouquet commença à s'impatienter, puis à s'inquiéter:

—Pourvu que ces gens-là...

Elle se leva d'un bond, courut au bar: il n'y avait personne. Furieusement elle frappa le comptoir en criant: «Quelqu'un!» Une jeune fille blonde parut:

—Dites, commença Mme Fouquet, avez-vous vu deux personnes entrer au bar il y a un instant, une dame qui portait un tailleur vert et un homme avec un veston à carreaux?

—Oui, madame, ils viennent de sortir de l'hôtel. Le monsieur tenait un petit chien blanc, un caniche, si je ne me trompe.

—Où sont-ils maintenant?

—Mais je ne sais pas, madame. A travers la vitre je les ai vus monter dans leur voiture et ils sont partis.

—Vous n'avez pas remarqué le numéro de leur auto?

—Mais non, madame.

—Ni la marque?

—Non, madame. Ce n'était pas une grande voiture, mais je ne la voyais pas très bien.

Mme Fouquet pleura.

1 In what sort of place did this incident happen?
2 What gave the impression that the man in the check jacket and his companion were in a hurry?
3 On what pretext did the man ask to take Sacha?
4 Where was this Jacques supposed to be? Why should he be interested in Sacha?
5 When did Mme Fouquet begin to get suspicious?
6 Why must she have expected the worst when she went into the bar?
7 To whom did she talk?
8 How did she describe the thieving couple?
9 How did she know for certain that these people had decamped with her dog?
10 What information could the girl supply about their car?

1 Où cet incident se passe-t-il?
2 Qu'est-ce qui a attiré l'attention de l'homme au veston à carreaux?
3 Où cet homme veut-il porter le caniche?
4 A quel moment Mme Fouquet commence-t-elle à s'inquiéter?
5 Pourquoi va-t-elle au bar?
6 Qui était là quand elle est entrée?
7 Pourquoi la jeune fille vient-elle au bar?
8 Qu'est-ce qui prouve qu'elle a bien vu les voleurs?
9 Comment Mme Fouquet sait-elle que les voleurs sont déjà loin?
10 Quels renseignements la jeune fille peut-elle fournir sur la voiture des voleurs?

2 Tickets, please!

Peu après la porte s'ouvrit et le contrôleur entra dans le compartiment:

—Vos billets, messieurs-dames, s'il vous plaît.

—Dites donc, commença la dame, avant de présenter mon billet, j'attire votre attention sur la malpropreté de ce compartiment.

—Cela ne me regarde pas, dit l'employé. Vos billets, s'il vous plaît.

—Je vous prie de parler poliment à cette dame, dit le vieillard en haussant la voix. Vous êtes d'une impolitesse . . . !

J'ai envie de prendre note de votre numéro et d'adresser une réclamation sur votre compte à la SNCF.

—Faites ce que vous voudrez, dit tranquillement le contrôleur. Je n'ai rien dit d'impoli. Je n'ai fait que demander à madame son billet. Si vous trouvez le compartiment malpropre, vous n'avez qu'à vous en plaindre à la direction. Ce n'est pas moi le grand directeur . . . Votre billet, s'il vous plaît.

—Je refuse de présenter mon billet! s'écria la dame, l'œil étincelant.

—Eh bien, madame, si je ne vois pas votre billet, pour moi vous n'en avez pas; vous serez obligée de payer à nouveau.

—Mais c'est une injustice! hurla le vieux barbu. Cette dame a déjà payé son billet et vous menacez de la faire payer une seconde fois! Mais ça, c'est le comble, le comble!

—Allons, monsieur, votre billet, s'il vous plaît, dit le contrôleur, toujours calme, toujours stoïque.

—Voici le mien, dit la dame, mais je le présente à mon corps défendant, et je ne manquerai pas d'adresser des réclamations à la SNCF.

—Bien, dit le contrôleur.

Le matelot tendit son billet:

—Merci, monsieur.

Pendant ce temps le vieux monsieur cherchait fébrilement son billet. Il fouilla dans toutes ses poches, il sortit tout ce qu'il y avait dans son portefeuille, mais en vain. Le contrôleur s'impatientait:

—Voyons, dépêchez-vous, monsieur, dit-il, j'ai encore sept voitures à parcourir.

1 So far as we know, how many passengers were in the compartment? Who were they?
2 What does the lady wish to do before showing her ticket to the inspector?
3 How does the inspector deal with her complaint?
4 Why does the old man put on a show of indignation? What does he threaten to do?
5 How does the inspector react to this? What advice does he give?

6 What will happen if the lady refuses to show her ticket?
7 On what grounds does the old man claim that the inspector's action would be unjust?
8 How does the lady express her ill-humour when she finally shows her ticket?
9 Why does not the old man show his ticket?
10 Why is the inspector impatient?

1 Que fait un contrôleur?
2 De quoi la dame veut-elle parler avant de présenter son billet?
3 Pourquoi le vieux monsieur accuse-t-il le contrôleur d'impolitesse?
4 Qu'est-ce que le vieillard menace de faire?
5 Qu'est-ce que le contrôleur conseille à la dame de faire?
6 Que fera le contrôleur si la dame ne veut pas présenter son billet?
7 Le vieux monsieur parle d'une injustice. Selon lui, qu'est-ce qui serait injuste?
8 Comment la dame montre-t-elle sa mauvaise humeur lorsqu'enfin elle présente son billet?
9 Pourquoi le contrôleur s'impatiente-t-il?
10 Pourquoi le contrôleur est-il pressé?

3 The missing children

Cependant une vague inquiétude commençait à troubler le docteur et, entendant un pas sous la fenêtre, il appela:

—Est-ce toi, Paulette?

La voix de Jeanne, la jeune bonne, lui répondit:

—Non, monsieur, c'est moi qui viens m'assurer que le fourneau ne s'éteint pas.

—Les enfants sont bien avec vous?

—Mais non, monsieur, nous ne les avons pas vus depuis ce matin!

Le docteur fut debout d'un bond. Très vite, il conta à Jeanne l'événement qui lui avait fait perdre les enfants de vue. La jeune fille comprit tout de suite qu'il avait dû se passer quelque chose d'insolite, mais elle voulut rassurer le père inquiet.

—Monsieur est bien bon de se tourmenter pour ces petits

polissons. Encore un de leurs tours et voilà tout. Ils doivent se cacher dans le jardin. Je vais les appeler.

Mais elle eut beau fouiller et refouiller les moindres recoins, personne ne répondit, naturellement!

Pendant ce temps, le docteur parcourait les pièces du chalet sans rien trouver. Il entra aussi chez les Dalis, mais tout était si calme, qu'ayant appelé plusieurs fois, il jugea inutile d'explorer la maison.

Il revint chez lui pour trouver Jeanne un peu démontée. La pauvre fille, prise d'un pressentiment, était toute pâle. Le docteur lui dit d'aller chez Eliza, et à eux trois, sérieusement inquiets maintenant, ils reprirent leurs recherches.

Bientôt, il fallut s'en convaincre. Les enfants n'étaient nulle part.

ANDRE BRUYERE La Tribu des Lapins sauvages
Gautier-Languereau

1 How did the doctor know that there was somebody about?
2 Why was Jeanne coming back to the house?
3 When did Jeanne last see the children?
4 Why were not the children with their father, the doctor?
5 How did Jeanne try to calm the doctor's fears?
6 What did she then do?
7 The doctor went round to the Dalis' house next door. Why did he not stay?
8 When he saw Jeanne again, how had her attitude about the children changed?
9 What message did the doctor apparently send to Eliza?
10 What conclusion did the searchers come to?

1 Quel bruit le docteur a-t-il entendu?
2 Qui était Jeanne?
3 Pourquoi Jeanne est-elle revenue à la maison?
4 Quand Jeanne a-t-elle vu les enfants pour la dernière fois?
5 Comment sait-on que les enfants étaient sortis avec leur père?
6 Comment Jeanne cherche-t-elle à rassurer le docteur?
7 Où va la bonne? Que fait-elle?
8 Que faisait le père pendant que Jeanne était au jardin?
9 Comment le docteur savait-il que les Dalis n'étaient pas chez eux?
10 Qu'est-ce que Jeanne a dû dire à Eliza?

4 In the South Seas

Le sous-officier de gendarmerie qui était venu me voir à bord de mon navire était seul représentant, dans l'île, du gouvernement.

Il portait le titre officiel d'agent spécial des établissements français de l'Océanie. Il me reçut fort aimablement à la résidence, qu'il habitait avec sa femme et ses deux filles et m'invita à profiter d'une tournée d'inspection qu'il allait faire le lendemain pour visiter l'île d'Akamaru.

Surmontant ma répugnance pour les visites officielles, je m'embarquai le lendemain à l'aube. Outre le propriétaire du canot et deux matelots, nous transportions un vieil indigène qui répondait au nom pittoresque de «celui qui jette des cailloux». Le gendarme était en grand uniforme. Il faisait un calme presque plat; nous dûmes ramer pendant les cinq milles qui nous séparaient d'Akamaru.

Nous accostâmes à une jetée où le chef et une partie de la population nous attendaient. Il nous fallut, tout comme en France, donner un nombre considérable de poignées de main, puis nous nous rendîmes à la maison du chef.

Ce fut exactement comme une réception dans un petit village français, car les enfants nous attendaient en groupe.

A notre arrivée, ils enlevèrent leurs chapeaux, croisèrent les bras, crièrent: «Bonjour, monsieur!» puis ils chantèrent la *Marseillaise*. Ensuite un enfant de huit ans se détacha du groupe et récita à une allure folle, sans en comprendre un mot, exactement comme un enfant français du même âge, une fable qui devait être *la Cigale et la Fourmi*, à moins que ce ne fût *l'Abeille et la Mouche*.

ALAIN GERBAULT *A la Poursuite du Soleil*
Grasset

1 Who was the government representative on the island? What was his official title?
2 Who were the occupants of the official residence?
3 What arrangements had already been made for the following day?

4 When did the party set out the next day? What persons were in the boat?
5 By what quaint name was the old native known?
6 How far away was Akamaru?
7 What were the weather conditions like, and how did this affect the mode of travelling?
8 Who was waiting for them when they landed on Akamaru? Where did the visiting party go?
9 Pick out three things about this reception which reminded Gerbault of his native France.
10 How did the child recite his fable?

1 Quelles étaient les fonctions officielles du gendarme?
2 Où sont situés les établissements français de l'Océanie?
3 Quel projet le gendarme avait-il déjà fait pour le lendemain?
4 Quels étaient les sentiments de Gerbault quand le gendarme l'a invité à l'accompagner?
5 Quelles personnes se sont embarquées pour aller à l'île?
6 Quel temps faisait-il pendant la traversée?
7 A quelle distance se trouvait l'île d'Akamaru?
8 Qu'ont fait les voyageurs quand ils ont débarqué dans l'île?
9 Qu'est-ce qui montre qu'on avait bien appris aux indigènes les coutumes françaises?
10 Comment l'enfant a-t-il récité sa fable?

5 A father's regrets

Un matin, au moment de me lever, je regardai par la fenêtre et je⁻ vis qu'il faisait mauvais temps; le ciel était gris, il pleuvait. Nous déjeunâmes. Puis Jeanne se leva de table, enfila son imperméable et alla ouvrir la porte:

— Il faut que je prenne mon parapluie, dit-elle. Il pleut à verse.

Il me vint aussitôt à l'esprit qu'il était de mon devoir de la conduire au bureau dans la voiture. Pourtant cela me contrariait. J'étais ennuyé par l'idée qu'il fallait sortir la voiture, aller en ville, revenir, rentrer la voiture; ce serait une demi-heure de perdue. Je me disais que, pour une jeune fille de dix-neuf ans, ce n'était pas une chose bien grave de marcher quelques centaines de mètres sous la pluie.

Jeanne partit. Je la laissai partir. Pourtant, au bout de quelques minutes, je me mis à penser à elle. En imagination je la voyais qui marchait sous la pluie battante vers l'arrêt d'autobus. Elle se penchait en avant, tenant son parapluie devant elle. Je me demandais combien de temps elle avait dû attendre. Je la voyais debout sur le trottoir, les souliers et les bas tout mouillés, la tête tournée du côté d'où arriverait l'autobus.

A dix heures et demie je ne pouvais plus tenir. Je descendis l'escalier, je décrochai le récepteur, je téléphonai au bureau, je demandai à parler à Jeanne. Au bout d'un instant j'entendis sa voix calme :

—C'est toi, papa ? Qu'est-ce qu'il y a ?

—Il faisait un sale temps quand tu es partie ce matin, dis-je. J'espère que tu ne t'es pas trop mouillée ?

—Oh non, répondit-elle. L'autobus est arrivé presque tout de suite et je n'ai mis que quelques minutes à aller au bureau. J'avais les bas un peu mouillés, mais cela n'a pas d'importance. Il n'y a pas à t'inquiéter, je t'assure.

Ce soir-là, quand elle rentra à la maison, je l'embrassai tendrement et elle devina que j'avais eu des remords.

1 What was the weather like on this particular morning?
2 What did Jeanne do to protect herself from the weather?
3 In spite of the promptings of his conscience, why did not the father take his daughter to work in the car?
4 How did he try to excuse himself?
5 When he began to worry, what picture rose in his mind of Jeanne walking in the rain?
6 How did he imagine her waiting at the bus stop?
7 How did the father seek to put an end to his worries?
8 What lucky circumstance had prevented Jeanne from getting very wet?
9 How did Jeanne treat the whole matter?
10 How did the father convey his regrets when Jeanne came home?

1 Quel temps faisait-il ce matin-là?
2 Quel âge Jeanne a-t-elle?

3 Qu'est-ce que la jeune fille a pris pour se protéger contre le mauvais temps?
4 Qu'est-ce que le père a pensé tout de suite?
5 Pourquoi ne voulait-il pas sortir la voiture?
6 Comment Jeanne avait-elle l'habitude d'aller à son travail?
7 Quelle idée tourmentait le père après le départ de sa fille?
8 Pourquoi a-t-il téléphoné au bureau?
9 Pourquoi était-il soulagé par ce que Jeanne lui a dit?
10 Quand Jeanne est rentrée à la maison, comment son père a-t-il exprimé ses regrets?

6 After baling out

Alors, après avoir jeté son parachute dans le canal, et retourné la tunique de son uniforme, pour paraître un peu moins militaire, il s'installa, assis contre le fameux poteau, et commença à manger le peu de chocolat qu'il avait avec lui, en attendant le jour.

Et, sans s'en apercevoir, il s'endormit.

Il fut réveillé par le bruit d'un moteur. C'était une péniche qui descendait le canal. Il faisait jour, et il regarda l'arrière du bateau pour en lire le nom et le port d'origine: *Ilsa, Mannheim,* lut-il.

—Je suis donc en Allemagne, se dit-il, ça c'est embêtant.

Après le passage de la péniche, il se leva pour regarder l'avis sur le poteau. Cette fois-ci il respira, car il lut: *Pêche réservée.* La péniche pouvait bien venir d'Allemagne, mais ce poteau-là ne pouvait se trouver qu'en France ou en Belgique, c'est-à-dire dans un pays allié.

Il regarda sa montre. Six heures et demie. Il se lava la figure dans le canal, et se dirigea vers la ferme. En entrant dans la cour, il vit une jeune fille qui sortait d'une étable, deux seaux de lait suspendus à un morceau de bois qu'elle portait sur ses larges épaules. Elle était forte et avait le visage gros et rouge, les mains aussi. Il s'approcha d'elle, tenant à la main des billets de banque français et belges dont tout aviateur était muni.

—Bonjour, mademoiselle, dit-il de son meilleur français scolaire.

Elle eut l'air tout surpris en le voyant et lui répondit:

—Bonjour, monsieur. Qu'est-ce que vous voulez?

—Je veux voir le patron.

—Si vous êtes venu pour acheter des œufs, il n'y en a pas, dit-elle, regardant sans doute ses billets de banque.

—Je veux voir le patron, répéta-t-il.

Elle posa ses deux seaux par terre.

—Bon. Suivez-moi, dit-elle.

Il se mit à la suivre en boitant peut-être un peu plus qu'il ne le fallait.

—Vous avez mal au pied? dit-elle.

—Oui, je suis tombé.

—De votre bicyclette?

—Non, dit-il, de mon avion.

MARCEL PAVIGNY *Jours de Gloire*
Blackwell

1 What two things did the airman do to avoid attracting attention?
2 How do we know that he had been on a night mission?
3 He fell asleep. What sound awakened him? What time was it when he woke up?
4 What made him think at first that he was in Germany?
5 What proved to him that he was in Belgium or France?
6 What place did he make for?
7 He saw a girl. What was she like? What was she doing?
8 How did the airman seek to show that he was honest?
9 What did the girl think he had come for?
10 How did the young man come to reveal that he was an airman?

1 Quelles précautions l'aviateur prend-il pour le cas où il serait en pays ennemi?
2 Comment sait-on qu'il a sauté en parachute pendant la nuit?
3 Il s'endort. Quel bruit le réveille? A quelle heure cela se passe-t-il?
4 Pourquoi l'aviateur commence-t-il par croire qu'il est en Allemagne?

5 Qu'est-ce qui lui prouve qu'il est en France ou en Belgique?
6 Comment était la personne qu'il a vue dans la cour de ferme? Que faisait cette personne?
7 Comment l'aviateur cherche-t-il à prouver qu'il n'est pas un voleur?
8 Qu'est-ce que la jeune fille croit que l'homme est venu chercher?
9 Quel mal l'aviateur s'est-il fait en descendant à terre?
10 Comment révèle-t-il qu'il est aviateur?

7 An unsatisfactory teacher

Nous parlâmes des leçons. Forcini donnait un cours de dix leçons, une par jour, pour le prix modeste de 75 francs; il exigeait qu'on payât d'avance. Je lui remis le prix des dix premières leçons, et il fut convenu qu'il viendrait me voir à l'hôtel le lendemain à trois heures.

Le jour suivant il arriva à l'heure dite, toujours vêtu de noir et coiffé de son chapeau extraordinaire. Je le fis monter dans mon appartement et nous nous mîmes au travail. Il avait apporté deux exemplaires d'un cours d'italien pour débutants. Il me fit nommer en italien quelques-uns des objets dans la pièce, il me posa des questions très simples, auxquelles j'eus de la difficulté à répondre. Forcini parlait passablement bien le français, mais avec un fort accent. Souvent il perdait patience et me parlait rapidement en italien: je ne comprenais pas un mot de ce qu'il disait.

Ce n'était pas un bon professeur. Parfois il était distrait, il se taisait comme s'il pensait à autre chose, puis soudain il reprenait: «Je vous expliquais, n'est-ce pas, que . . .» Evidemment, pour lui l'enseignement n'était qu'un gagne-pain; tout ce qu'il voulait c'était l'argent.

Le lendemain il revint à la même heure. Le surlendemain il ne parut point, le jour suivant non plus. Cela me contrariait: j'avais payé dix leçons d'avance et je ne voulais pas me laisser escroquer par ce bonhomme. Je résolus de lui rendre visite et de m'expliquer avec lui.

Vers cinq heures je partis donc de l'hôtel pour aller

trouver la maison qu'il habitait: le numéro 18 de la rue Grosso. Cette rue, semblait-il, se trouvait dans les vieux quartiers à l'autre bout de la ville.

Je finis par trouver la rue Grosso et je me mis à chercher le numéro 18. C'était un hôtel de troisième ordre. J'entrai et je demandai à la concierge où se trouvait la chambre de M. Forcini. Elle fit la grimace et me dit que c'était tout en haut, au quatrième étage.

1 What were Forcini's terms for his teaching?
2 What arrangements did the narrator make with him?
3 How did Forcini set about his teaching? What textbooks were used?
4 How do we know that the narrator knew very little Italian?
5 What did Forcini do when he got impatient? Why was this useless?
6 What made the narrator conclude that Forcini had little interest in teaching?
7 When did Forcini fail to turn up?
8 In what part of the town did Forcini live?
9 What sort of place did he live in?
10 What showed that the caretaker did not think much of Forcini?

1 Quel était le prix des leçons? Quand fallait-il les payer?
2 Quand le narrateur allait-il commencer ses leçons?
3 De quel livre le professeur et son élève allaient-il se servir?
4 Qu'est-ce qui montre que le narrateur connaissait très mal l'italien?
5 Quand les deux hommes ne parlaient pas l'italien, quelle langue parlaient-ils?
6 Pourquoi le narrateur finit-il par croire que Forcini ne prenait pas ses leçons au sérieux?
7 Quand le narrateur comprend-il que Forcini n'a pas l'intention de continuer les leçons?
8 Où habitait Forcini?
9 Dans quelle sorte de maison vivait-il?
10 Pourquoi était-il évident que la concierge n'aimait pas beaucoup le professeur?

8 Canoeists in danger

Il était à peu près trois heures et demie. Ils devaient approcher de Bray. Louis s'arrêta de pagayer et se retourna pour voir si Robert ne suivait pas. Il aperçut le canoë de celui-ci à cent cinquante mètres derrière lui.

Mais à cet instant il entendit un cri: «Attention!» Un homme sortit en courant de derrière des saules en lui faisant signe de s'arrêter.

—Attention. cria-t-il de nouveau. Abordez! Abordez tout de suite!

—Qu'est-ce qu'il y a? lui demanda Louis.

—Mais vous êtes fou de faire du canoë dans ces conditions! dit l'homme en colère. D'ailleurs, à deux cents mètres en aval il y a le barrage; c'est très dangereux. Vous êtes seul?

—Non, j'ai un camarade qui va arriver dans un instant.

L'homme chercha l'autre canoë du regard:

—Le voilà! dit-il, et il est là-bas, près de l'autre rive!

Mettant les mains en porte-voix, il cria de toutes ses forces:

—Par ici, par ici! Traversez, et en vitesse!

Robert se mit à pagayer vigoureusement pour faire obliquer son canoë à droite, mais au milieu de la rivière la force du courant était telle, que le canoë dérivait rapidement sans approcher sensiblement de la rive.

—Vas-y, Robert! cria Louis, effrayé. Dépêche-toi! Il faut que tu abordes!

Robert arrivait à leur hauteur, mais il était toujours à cinq ou six mètres de la rive.

L'homme disparut un instant et revint portant une gaffe. Lui et Louis se mirent à courir le long de la berge. Pâle, les dents serrées, Robert luttait pour arriver à la terre. On entendait un mugissement: le barrage était proche. Le canoë dérivait avec une rapidité croissante, mais l'avant n'était plus qu'à deux ou trois mètres de la rive. Se cramponnant à une branche d'arbre qui pendait sur l'eau, l'homme tendit sa gaffe, il accrocha l'avant du canoë et réussit à le tirer à terre.

1 What was the position of the two canoes when the boys were approaching Bray?
2 A man called out to them. Where did he appear from? What did he do?
3 What warning did the man give to Louis?
4 Where was Robert at this juncture?
5 When Robert tried to paddle across the stream, what happened to his canoe?
6 Why was it plain that Robert would not reach the bank at the point where Louis and the man were standing?
7 What steps did the man take to help Robert?
8 What warned them all that the danger was very real?
9 What showed that Robert was very scared?
10 How did the man manage to get hold of Robert's canoe?

1 Aux approches de Bray, Louis cherche son ami des yeux. Où le voit-il?
2 Quelqu'un a appelé Louis. Où était cet homme? D'où sortait-il?
3 Qu'est-ce que cet homme a conseillé à Louis de faire?
4 L'homme paraissait de mauvaise humeur. Pourquoi?
5 Pourquoi cet endroit était-il particulièrement dangereux?
6 Pourquoi Robert trouvait-il difficile de traverser la rivière?
7 Pourquoi était-il évident que Robert ne pourrait pas aborder à l'endroit où se tenaient les autres?
8 L'homme a pris une gaffe et s'est mis à courir. Dans quelle intention?
9 Quel bruit annonçait que le danger était extrême?
10 Comment l'homme a-t-il réussi à tirer le canoë à terre?

9 Challenged at the Swiss frontier

Quand je fus à cent mètres de la grand'route, j'aperçus un douanier qui se tenait devant un petit bâtiment sans étage, qui devait être un poste-frontière. Cela m'ennuyait, car je n'avais pas mon passeport en poche. J'aurais dû regagner la route à un endroit peu fréquenté. Cependant il était trop tard pour rebrousser chemin.

Entendant des pas, le douanier tourna la tête et me regarda venir. Quand j'arrivai près de lui, il fit un pas en avant et tendit la main en disant:

—Votre passeport, monsieur, s'il vous plaît.

Je lui expliquai que je n'avais pas mon passeport sur moi, que je l'avais laissé à l'hôtel à Thonon, qu'en partant je n'avais pas l'intention de passer en Suisse.

Il me dévisagea, mais pas trop sévèrement:

—Vous savez, monsieur, me dit-il, le passeport est de rigueur. Sans passeport on peut avoir des ennuis. Cette fois je vous laisserai passer. Je suis persuadé que vous êtes parfaitement honnête et que ce que vous dites est vrai. Sachez, monsieur, que les douaniers ne sont pas là pour rien. Nous avons souvent affaire à des gens qui essaient de passer des choses en contrebande: des montres, du tabac, même de la drogue.

Comme il parlait, une auto s'arrêta devant le poste. Le conducteur se pencha à la portière et demanda:

—C'est bien la route de Thonon?

—Oui, dit le douanier. A propos, il y a ici un monsieur qui veut rentrer à Thonon. Vous ne voulez pas le faire monter avec vous?

—Mais bien sûr!

Voilà! Tout est bien qui finit bien.

1 When the narrator was approaching the main road he saw a man. Who was this man, and where was he standing?
2 What was this building, and what was it like?
3 Why did the narrator regret this encounter?
4 How could he have avoided the situation?
5 What attracted the official's notice?
6 How did the man intimate that he wanted to speak to the narrator?
7 How did the narrator explain his situation?
8 What did the official think of this explanation?
9 According to him, why had the Swiss to keep a watch on this frontier?
10 A car came along. What proposition did the official put to the driver?

1 Qu'est-ce qu'un douanier? Qu'est-ce qu'un poste-frontière?
2 Comment était le poste devant lequel le douanier se tenait?

3 Pourquoi le narrateur était-il ennuyé de voir le douanier?
4 Comment aurait-il pu éviter cette rencontre?
5 Comment le douanier a-t-il indiqué qu'il voulait parler au promeneur?
6 Comment savons-nous que Thonon n'est pas en Suisse?
7 Pourquoi le promeneur n'avait-il pas son passeport sur lui?
8 Comment le douanier a-t-il réglé la question du passeport?
9 Selon le douanier, pourquoi était-il nécessaire de surveiller cette frontière?
10 Comment le promeneur est-il retourné à Thonon?

10 A motorist in trouble

Je logeais dans un hôtel plutôt modeste à cinq minutes de marche de l'Etoile[1]. Tous les soirs, après dîner, je faisais un tour sur les Champs-Elysées. En remontant l'avenue Mac-Mahon, je voyais devant moi l'Arc de Triomphe illuminé par des projecteurs, au milieu du vaste cercle de la place de l'Etoile. Arrivé au bout des Champs-Elysées, j'admirais la magnifique perspective, les guirlandes de lumières sans fin qui se prolongeaient là-bas jusqu'à la place de la Concorde. J'aimais me mêler à la foule, prendre un verre à la terrasse d'un grand café, regarder le défilé ininterrompu des autos sur les larges chaussées de la célèbre avenue.

Un soir je descendais tranquillement vers la Concorde. Il faisait un temps nuageux et lourd, un temps d'orage. Vers le bas de l'avenue, là où il y a des jardins des deux côtés, je m'assis sur un banc et je restai là à regarder distraitement les gens et les voitures qui passaient.

Tout à coup je remarquai une auto qui venait de se ranger au bord du trottoir non loin de moi. A son numéro et à sa plaque je vis tout de suite que c'était une voiture anglaise. Un homme d'une trentaine d'années en descendit en hâte et vint regarder le capot, d'où s'échappait de la fumée. De seconde en seconde la fumée devenait plus épaisse. L'Anglais essaya d'ouvrir le capot, mais les attaches étaient trop chaudes.

1 L'Etoile. Place circulaire qui entoure l'Arc de Triomphe.

L'homme s'affolait, il agitait les bras en criant: «Monsieur! madame!»

Moi, je ne savais que faire. Quel secours pouvais-je lui porter? Si lui ne pouvait pas ouvrir le capot, moi je n'y arriverais certainement pas non plus. Il n'y avait pas le temps d'aller chercher un agent, et je n'avais pas l'habitude de me servir du téléphone en France. D'ailleurs j'ignorais à qui il me faudrait m'adresser. Je restai donc indécis. Entretemps une douzaine de personnes s'étaient arrêtées et regardaient l'auto qui allait brûler.

1 Where in Paris was this tourist staying?
2 Why could one see the Arc de Triomphe so well at night?
3 What did one see at night looking down the Champs-Elysées?
4 How did the tourist usually spend his evening?
5 What was the weather like on this particular evening?
6 Where did the tourist sit down, and what did he do?
7 A car stopped near him. Why did the driver get out in a hurry?
8 Why could not the driver open the bonnet?
9 Why did the tourist do nothing to help?
10 Why did he not telephone?

1 Quelle rue le touriste suivait-il pour arriver à l'Etoile?
2 Pourquoi voyait-on bien l'Arc de Triomphe quand il faisait nuit?
3 Quel spectacle les Champs-Elysées offrent-ils la nuit?
4 Qu'est-ce qui se trouve à l'autre bout des Champs-Elysées?
5 Que faisait le touriste au cours de sa promenade?
6 Quel temps faisait-il ce soir-là?
7 En quel endroit le touriste s'est-il assis?
8 Une auto s'est arrêtée près de lui. Pourquoi le conducteur de la voiture était-il très agité?
9 Pourquoi l'Anglais n'arrivait-il pas à ouvrir le capot?
10 Pourquoi le narrateur n'a-t-il rien fait pour aider l'automobiliste?

11 Escaped officers seek a refuge

Passablement effrayée, la cuisinière me pria d'attendre à l'extérieur.

Au bout d'une demi-heure, je vis paraître le propriétaire à la grande porte d'entrée du château.

C'était un homme d'une soixantaine d'années, grand, fort, vêtu d'une confortable robe de chambre.

—Que voulez-vous?

—Vous parler en particulier.

—Non, dites-moi ici ce que vous avez à me dire. C'est insensé de déranger les gens à une heure pareille.

—Je regrette, monsieur, je désire vous parler seul à seul dans votre cabinet. Soyez tranquille, je ne suis pas armé. Vous n'avez rien à craindre.

Il fallait croire que je parlai net, car, bien à contre-cœur, M. de X . . . me fit entrer dans son cabinet contigu au vestibule, en laissant la porte ouverte.

—Capitaine Giraud, du 4e Régiment de Zouaves, évadé de l'hôpital d'Origny-Sainte-Benoîte.

—Comment êtes-vous entré dans le parc, mon capitaine, la porte en est fermée?

—En escaladant une brèche que vous n'avez pas obstruée, monsieur.

—Mes compliments, monsieur, et qu'attendez-vous de moi?

—Je vous demande de m'abriter, mon camarade et moi, pour la journée.

—Ah! vous n'êtes pas seul!

—En effet, monsieur, mon camarade m'attend à côté.
Et ouvrant la fenêtre, j'appelai:

—Charles, tu peux venir.

—Qui vous permet, monsieur . . .?

—Je suppose, monsieur, que vous n'allez pas refuser l'hospitalité à deux officiers français qui font leur devoir, tout simplement.

adapted from GENERAL GIRAUD *Mes Evasions*
Julliard

1 At the château, whom did the officers first see, and what did they ask?
2 What was the owner of the house like?
3 What request did Captain Giraud make of this man? Why would not the latter agree?
4 What induced the owner to accede to this request?
5 From where had the officers escaped?
6 How had they got into the estate in spite of the locked gate?
7 What did Captain Giraud want the owner to do?
8 Where was the other officer while this conversation was going on?
9 Why did the owner think that Captain Giraud was acting very high-handedly?
10 What appeal did Captain Giraud make to the owner's patriotic feelings?

1 Quand les officiers sont arrivés au château, qui ont-ils vu?
2 Combien de temps les officiers ont-ils dû attendre l'arrivée du propriétaire?
3 Comment était le propriétaire?
4 Qu'est-ce que le capitaine Giraud lui a demandé?
5 Quelle objection le propriétaire a-t-il opposée à cette demande?
6 Pourquoi le propriétaire a-t-il fini par consentir à ce que demandait le capitaine?
7 Comment les officiers étaient-ils entrés dans le parc?
8 Combien de temps voulaient-ils rester au château?
9 Où était le second officier pendant que Giraud parlait au châtelain?
10 Qu'est-ce qui a dû surprendre le propriétaire?

12 Is father deaf?

Son fils cadet, Riri, lui ayant demandé: «Dis, papa, quand donc tu achèteras mon bateau?» M. Bonneval lui répondit en montrant le plat: «Tu vois bien que ce n'est pas un gâteau, c'est un gigot de mouton.»

Mme Bonneval regarda son mari avec étonnement. Elle avait parfaitement compris la requête de Riri, dont la prononciation était nette et la voix perçante.

—Tu as sans doute du coton dans les oreilles? demanda-t-elle, car M. Bonneval, pendant l'hiver, recourait parfois à cet expédient pour se protéger contre les rhumes.

Pas de réponse.

Elle répéta sa question. Même silence.

—Georges, est-ce que tu m'entends?

—Papa, maman te parle!

L'interpellé, fort occupé dans son assiette, leva tout d'un coup la tête pour observer en riant:

—Ah çà, vous avez donc tous avalé votre langue? Ne parlez pas tous à la fois!

—Mon Dieu, il est sourd! s'écria douloureusement·Mme Bonneval. Georges, réponds, es-tu sourd?

—C'est épouvantable, constata son mari. Vous me parlez et je ne vous entends pas!

On recommença méthodiquement les expériences. Gertrude, accourue de la cuisine, fit elle-même un essai. M. Bonneval mettait la main en cornet, secouait le lobe de son oreille, s'enfonçait le petit doigt dans le conduit auditif ... peine perdue!

Sa femme écrivit alors quelques mots sur un papier. Le malheureux ajusta ses lunettes et lut: «Il faut consulter un specialiste.»

—J'irai demain chez le docteur Lanoix, déclara-t-il.

Et il écrivit en dessous: «Rassure-toi, je ne suis pas sourd.»

PIERRE CHAINE *Les Scrupules de Monsieur Bonneval*
Grasset

1 Riri asked about a boat. Why must he have been surprised by his father's reply?
2 Why was Mme Bonneval surprised that her husband had mis-heard what the boy said?
3 How did the mother account for this apparent deafness?
4 When and why did M. Bonneval have recourse to this practice?
5 Pick out three things which finally convinced Mme Bonneval that her husband was deaf?
6 How did M. Bonneval himself come to this conclusion?
7 Who, outside the family, tried to make M. Bonneval hear?

8 How did M. Bonneval try to rectify the trouble?
9 How did Mme Bonneval communicate with her husband? What did she tell him?
10 What message did M. Bonneval pass back to his wife?

1 Quand Riri a parlé d'un bateau, qu'est-ce que son père a cru entendre?
2 Pourquoi Mme Bonneval s'étonne-t-elle que son mari ait mal entendu ce qu'avait dit Riri?
3 Comment s'explique-t-elle la surdité de son mari?
4 Pendant l'hiver, de quoi M. Bonneval avait-il peur?
5 Qu'est-ce qui prouve que M. Bonneval n'entendait rien de ce que disait la famille?
6 Que faisait M. Bonneval pendant ce temps?
7 Quand M. Bonneval comprend-il lui-même qu'il est sourd?
8 Lorsque Gertrude lui parle, que fait-il pour essayer de mieux entendre?
9 Quel est l'avis de Mme Bonneval? Comment communique-t-elle cet avis à son mari?
10 Qu'y avait-il de curieux dans la réponse de M. Bonneval?

13 The man who had seen Napoleon

Ce fut alors que quelqu'un vint parler au Tzar d'un homme, toujours vivant, qui prétendait avoir vu Napoléon juste avant la bataille de Borodino.

—Impossible, dit le Tzar en riant. Un homme qui aurait vu Napoléon serait maintenant âgé de plus de cent ans!

—Mais oui, Votre Majesté, cet homme a cent dix-huit ans.

—Cent dix-huit ans! Est-ce qu'un homme a jamais vécu jusqu'à cet âge-là?

—Mais j'assure Votre Majesté que cet homme existe. Il y a des preuves indiscutables. Le prêtre de son village pourrait vous en fournir. Nous avons aussi le témoignage des vieux habitants. Il y a par exemple une paysanne âgée de plus de quatre-vingts ans qui affirme que, quand elle était encore toute jeune, notre vieillard était déjà un homme d'âge mûr.

—Mais c'est incroyable! Où ce vieil homme prétend-il avoir vu Napoléon?

—Eh bien, non loin d'ici, Votre Majesté. Pendant l'invasion, à l'âge de dix-huit ans, il avait été saisi par l'avant-garde des Français et obligé de leur servir de guide. En particulier il devait leur montrer les gués. Quand le gros de l'armée est arrivé, c'est lui qui a tenu la bride du cheval de Napoléon quand celui-ci a traversé la rivière ... Votre Majesté veut-elle voir cet homme? Il est ici, nous l'avons fait venir de son village.

—Je veux bien, dit le Tzar, incrédule.

On alla chercher le vieillardissime.

Au bout d'un moment on vit approcher un groupe de Cosaques, au milieu duquel un homme poussait une brouette. Dans cette brouette était l'homme légendaire. Le groupe s'arrêta, deux Cosaques hissèrent le vieillard hors de la brouette et le traînèrent vers le Tzar en le soutenant, un de chaque côté.

—On me dit, commença le Tzar en souriant, que tu as vu Napoléon?

—Oui, Votre Majesté. C'était avant la bataille. C'est moi qui ai conduit son cheval quand il a traversé la rivière.

—Quel homme était-ce, l'empereur français? Comment était-il fait?

—C'était un homme très grand, Votre Majesté, et il avait une longue barbe grise.

1 When did the man claim to have seen Napoleon?
2 Why would not the Tzar believe this?
3 How old was the man said to be?
4 What proofs of the man's age were said to exist?
5 How old was the man at the time of the French invasion?
6 How had he come to be mixed up with the French army?
7 In what circumstances did he lead Napoleon's horse?
8 How was the old man brought to see the Tzar?
9 How was he ushered into the Tzar's presence?
10 What description did the old man give of the French Emperor?

1 Quand l'homme prétendait-il avoir vu Napoléon?
2 Pourquoi le Tzar ne voulait-il pas croire cette histoire?

3 Quelles preuves existaient de l'âge de cet homme?
4 Le Tzar assistait à une cérémonie. Trouvez dans le texte la preuve que cette cérémonie avait lieu à Borodino.
5 Quel âge le vieillard avait-il au moment de l'invasion?
6 Que lui était-il arrivé?
7 Quand avait-il conduit le cheval de Napoléon?
8 Le Tzar a consenti à voir le vieillard. Comment a-t-on amené celui-ci?
9 Comment le vieillard se tenait-il devant le Tzar?
10 Qu'y avait-il d'étrange dans sa description de l'empereur?

14 Old friends compare notes

Les deux hommes s'installèrent à la terrasse d'un café. Soleillant commanda à boire et ils se mirent à causer de choses et d'autres, surtout des années écoulées depuis le collège.

—Eh bien, dit enfin Soleillant, qu'est-ce que tu fais, toi, pour vivre? Tu as trouvé un métier qui te plaît?

—Je suis garagiste, répondit Maury. Je tiens un garage à Angerville, sur la route d'Orléans. Je suis venu à Paris chercher des parties de rechange.

—Alors, ton affaire marche?

—Oh, comme ci comme ça. Ce n'est pas un grand garage. J'ai plusieurs mécanos qui font le gros du travail . . . Mais toi, mon vieux Soleillant, tu n'as pas l'air du jeune homme pauvre; tu portes un complet du beau tailleur; tu as l'air d'être arrivé dans la vie; on dirait le type même de l'homme d'affaires!

—Allons, tu plaisantes! Mais il est vrai que je suis dans l'industrie. Je suis à la tête d'une compagnie qui possède une assez grande fabrique et dont les produits se vendent un peu partout. Avec une grosse affaire comme la nôtre, tu sais, on a toujours des soucis, mais, à tout prendre, les choses marchent assez bien et la vie n'est pas désagréable.

—Et tu as fait fortune?

—On peut le dire. Ce n'est pas l'argent qui manque. Nous

avons un appartement non loin du Bois de Boulogne et une villa à Mougins, près de Nice.

—Tu as eu de la chance.

—Oui, mais je dois te dire que le succès m'a coûté des efforts inouïs. Pendant des années, cela a été un travail de chien. C'est le début, tu sais, qui est dur, quand on lutte pour monter le premier échelon, pour ainsi dire. Puis, une fois l'affaire en train, tout marche comme sur des roulettes et on commence à réaliser de gros bénéfices ...

1 Where did the two men sit, and what did they talk about?
2 What was Maury's job? Where was his place of business?
3 Why had he come to Paris?
4 What in Soleillant's appearance made Maury think he was prosperous?
5 What do we learn about the firm Soleillant was with? What was his job in the firm?
6 How does Soleillant sum up his sort of life?
7 What shows that he was a man of considerable wealth?
8 What sort of life did Soleillant lead on his way to the top?
9 According to him, what was the hardest part?
10 When did the money begin to roll in?

1 Où ces deux hommes s'étaient-ils connus?
2 Quel était le métier de Maury? Où habitait-il?
3 Pourquoi est-il venu à Paris?
4 A quoi Maury devine-t-il que Soleillant a réussi dans la vie?
5 Quel est l'emploi de Soleillant?
6 Qu'est-ce qui fait croire que sa firme est importante?
7 Pourquoi la vie de Soleillant n'était-elle pas toujours agréable?
8 Qu'est-ce qui montre que Soleillant a fait fortune?
9 Quand a-t-il connu des temps difficiles?
10 Quand a-t-il commencé à gagner beaucoup d'argent?

15 An artist's forgotten work

On raconte que longtemps après la mort de Gauguin, un voyageur américain est arrivé à Tahiti, curieux de voir les lieux où s'étaient écoulées les dernières années du peintre. Etant descendu dans un hôtel de Papeete, il a loué une voiture et il est allé aux renseignements. Il a fini par trouver un indigène qui pouvait lui servir de guide, et ils sont partis ensemble chercher la maison de Gauguin. Ils ont d'abord roulé sur une route, puis ils ont pris un petit chemin détrempé, où l'auto avait de la peine à passer. Enfin ils sont arrivés devant une petite case délabrée.

—C'est ici, monsieur, a dit le guide.

Au bruit de la voiture, la porte de la case s'est ouverte et un indigène d'un certain âge est sorti. Souriant aimablement, il les a invités à entrer. Cet homme, semblait-il, gardait de Gauguin des souvenirs très nets. Quand il était petit garçon, il venait souvent à cette case avec ses parents, qui étaient des amis du peintre et venaient le soigner quand il était malade.

L'Américain s'intéressait vivement à tout ce qu'il voyait dans cette pauvre maison, où Gauguin avait travaillé et souffert.

—Voyez-vous, monsieur, lui disait l'indigène, il peignait sur n'importe quoi. Regardez cette porte: on y voit toujours des traces de peinture. Mais il y a une autre porte qui est plus intéressante. Venez voir.

Ils se sont levés pour aller examiner cette porte. En bas on distinguait vaguement des formes peintes, mais le bois avait été tant gratté par les enfants et les chiens que toutes les lignes nettes avaient été effacées. Mais sur la partie supérieure de la porte il restait un tableau presque intact, qui représentait deux femmes tahitiennes sur un fond de verdure tropicale.

Malgré son émoi, l'Américain a gardé son calme. Quelques minutes plus tard il a dit au Tahitien:

—Ce qui est peint sur votre porte m'intéresse beaucoup. Vous ne voulez pas vendre la porte?

1 Why had the American come to Tahiti? Where did he stay?
2 How did he set about his quest?
3 He found a native who could help him. What did he want this man to do?
4 What sort of dwelling had Gauguin lived in?
5 What made the occupant aware that he had visitors?
6 How was it that this man had known the house and the artist for a great part of his life?
7 The American was shown two doors. Why was the second more interesting than the first?
8 Why was there little left on the lower part of the second door?
9 What did the painting on the upper part represent?
10 Why was the American excited? What did he intend to do?

1 Pourquoi l'Américain était-il venu à Tahiti?
2 Où a-t-il résidé pendant son séjour dans l'île?
3 Qui s'est offert pour le conduire?
4 Les deux hommes sont partis chercher la maison de Gauguin. Quel chemin ont-ils suivi en partant de Papeete?
5 Comment était la maison du peintre?
6 Pourquoi l'occupant gardait-il des souvenirs aussi nets de Gauguin?
7 Pourquoi la seconde porte qu'on a montrée à l'Américain était-elle plus intéressante que la première?
8 Que voyait-on sur la partie supérieure de la porte?
9 Qu'y avait-il sur la partie inférieure?
10 Qu'est-ce que l'Américain voulait faire?

16 Sabotage

Marcel se hissa à travers la balustrade et descendit par une petite échelle dans le bateau. Les autres le suivirent. Il prit les rames et silencieusement ils rejoignirent l'autre rive. Marcel attacha la barque à un arbre et, les conduisant par un petit sentier qu'il connaissait depuis son enfance, les amena devant la porte cochère du bâtiment où se trouvaient les pneus. C'était un bâtiment moitié en pierre, moitié en bois. On pouvait entrer par une petite porte qui faisait partie de la grande. Toutes les deux étaient fermées. Charles prit les devants et très lentement poussa la petite porte. Elle grinça en s'ouvrant. Charles et Jean entrèrent, laissant Marcel comme sentinelle à l'extérieur. Ils prêtèrent l'oreille un instant. Dans le silence ils entendirent comme un ronflement; qui était-ce? un homme? ou une bête? Alors ils allumèrent leurs lampes électriques. Ils se trouvaient entourés de grandes piles de pneus. En face d'eux deux hommes dormaient, couchés sur des sacs. Ils s'approchèrent des hommes et, se mettant à genoux, appuyèrent leurs pistolets contre la poitrine de chacun en disant:

«Ne criez pas! Ne bougez pas, ou vous êtes morts.»

Les deux hommes se réveillèrent, raidis de terreur:

«Qui êtes-vous?» demanda l'un d'eux, tandis que l'autre souffla: «Que voulez-vous?»

«Nous allons mettre le feu aux pneus,» dit Charles. «Si vous ne voulez pas brûler avec, levez-vous et suivez-nous sans faire de bruit.»

Ils les firent sortir du bâtiment, les conduisirent à un arbre, à cent mètres de là, où, avec l'aide de Marcel, ils les attachèrent.

Puis les trois jeunes gens rentrèrent dans le bâtiment et commencèrent à tremper d'essence leurs cartons de copeaux. Ils les portèrent auprès des piles de pneus et y mirent le feu. Ce fut l'affaire d'une minute avant que l'intérieur du bâtiment ne fût tout illuminé.

MARCEL PAVIGNY *Jours de Gloire*
Blackwell

1 How did the young men manage to get into the boat?
2 Where did they go and how did they moor the boat?
3 Why had Marcel such an intimate knowledge of these places?
4 What was stored in the building which was their objective?
5 What sort of building was it?
6 How did they get into the building without opening the main door?
7 What did Charles and Jean see when they switched on their torches?

8 What was Marcel doing meanwhile?
9 How did the raiders immobilize the guards?
10 How did the young men start the fire?

1 Comment les jeunes gens sont-ils arrivés au bateau? Qu'ont-ils fait du bateau quand ils ont gagné la rive opposée?
2 Ils s'approchent d'un bâtiment. Quelle sorte de bâtiment était-ce?
3 Qu'est-ce qu'on gardait dans ce bâtiment?
4 Comment Charles et Jean sont-ils entrés sans ouvrir la grande porte?
5 Marcel est resté dehors. Pourquoi faire?
6 Qu'ont vu Charles et Jean quand ils ont allumé leurs lampes?
7 Où étaient les hommes de garde? Pourquoi était-il facile de les faire prisonniers?
8 Qu'est-ce que les saboteurs allaient faire des pneus?
9 Qu'ont-ils fait pour s'assurer que les hommes de garde ne feraient rien?
10 Comment les saboteurs ont-ils mis le feu aux pneus?

17 A simple man and a scheming girl

TOPAZE: Je tiens à vous dire que je suis à votre entière disposition.

ERNESTINE: Nous allons voir. (*Elle se rapproche.*) Figurez-vous que je prends des leçons de chant.

TOPAZE: Ah! je suis sûr que vous avez une très jolie voix!

ERNESTINE: Oui, très jolie. Je vais chez mon professeur le jeudi matin, de dix heures à midi. C'est un petit secret entre ma mère et moi.

TOPAZE (*attendri*): Je vous remercie de cette confidence. C'est un petit secret de plus entre nous.

ERNESTINE: Exactement. Or, M. le directeur vient de décider que le service d'été commencera jeudi prochain. Ça ne vous dit rien?

TOPAZE: Ça me dit beaucoup, naturellement. Beaucoup. Mais dans le détail, je ne vois pas exactement quoi.

ERNESTINE: Eh bien, il va falloir que, le jeudi matin, j'emmène

65

à la promenade tous les élèves de la classe enfantine. De dix à douze.

TOPAZE : De dix à douze. (*frappé d'une idée*) Ah! Mais alors, vous voilà forcée de renoncer à vos leçons de chant!

ERNESTINE : Sans aucun doute.

TOPAZE : Mais c'est navrant! Il est évident que vous ne pouvez pas être à la même heure en deux endroits différents!

ERNESTINE : Comprenez-vous quel service je veux vous demander?

TOPAZE : Parfaitement. Vous voulez que j'expose la situation à M. Muche, et qu'il change l'heure de la promenade?

ERNESTINE : Pas du tout. Je veux que vous conduisiez la promenade à ma place.

TOPAZE : Mais oui! (*joyeux*) Et moi qui n'ai justement rien à faire le jeudi matin!

ERNESTINE : Parfait. Je vais donc dire à mon père que vous demandez à conduire la promenade, parce que, comme vous ne sortez jamais, ça vous donnera l'occasion de prendre l'air.

MARCEL PAGNOL *Topaze*
Fasquelle

1 Ernestine was having lessons. What sort of lessons?
2 When was she due to have her next lesson?
3 What position did her father hold?
4 What change in the curriculum was to be made shortly?
5 What job was Ernestine booked for on the day in question?
6 What solution does Topaze see to this problem?
7 Ernestine wants Topaze to do her a service. What does he imagine this service must be?
8 What does Ernestine actually want him to do?
9 Why does Topaze readily agree to do what she asks?
10 How will Ernestine explain the change to her father?

1 Qu'est-ce qui montre que Topaze est très flatteur?
2 Quand Ernestine prend-elle ses leçons de chant?
3 Comment savons-nous qu'elle n'en a rien dit à son père?
4 Quel changement de programme aura lieu jeudi prochain?
5 Qu'est-ce qu'Ernestine devra faire le jeudi matin?
6 Quelle solution au problème Topaze voit-il?
7 Quel service Topaze pense-t-il qu'Ernestine veut lui demander?
8 Quel est effectivement le service qu'elle lui demande?
9 Pourquoi Topaze accepte-t-il de lui rendre ce service?
10 Quelle explication Ernestine donnera-t-elle à son père?

18 A manor house in decay

Il fut convenu que ma femme et mes filles coucheraient à l'hôtel et que le petit Paul et moi irions dormir au manoir. A la nuit tombante nous y fûmes conduits par Annik, la nièce de la patronne. Nous suivîmes un petit chemin et arrivâmes bientôt devant une grande maison à la façade assez imposante. Dans la cour un gros chien à l'aspect féroce se mit à aboyer et s'élança vers nous en tirant sur sa chaîne.

Au bruit que faisait le chien, une femme sortit de la maison. Elle pouvait avoir de quarante à quarante-cinq ans. Elle était pauvrement habillée; elle avait des traits tirés, un teint fané, l'expression lasse et soucieuse. Annik nous quitta et la vicomtesse nous mena derrière la maison et nous fit monter des marches de bois conduisant à une sorte de palier extérieur qui donnait accès aux chambres du premier, comme cela se voit dans les vieux bas-quartiers des villes. La dame ouvrit une porte, nous fit entrer dans une chambre; elle alluma une bougie, nous dit bonne nuit et nous quitta.

Ayant regardé autour de la chambre, j'eus d'abord envie de m'en aller. Paul se taisait, n'ayant pas l'habitude des endroits pauvres et sordides. Les meubles étaient vieux, laids, délabrés. Pas de tapis au plancher, pas de rideau à la fenêtre. Tout suait la misère et la déchéance. Cependant nous n'avions pas le choix. Nous nous déshabillâmes et nous

67

nous mîmes au lit, dont les ressorts grinçaient; mais les draps, quoique fripés, paraissaient propres.

Le lendemain matin nous nous réveillâmes de bonne heure. Je prêtai l'oreille: je n'entendais aucun pas, aucun bruit de voix; la maison entière était enveloppée d'un silence de mort. A la lumière du jour, la chambre paraissait encore plus misérable que la veille au soir. Nous nous habillâmes, pressés de regagner l'hôtel aussi vite que possible. Une chose, cependant, m'inquiétait. Ces gens avaient-ils l'habitude de lâcher leur chien la nuit? En sortant serions-nous attaqués par cette bête?

Il n'en fut rien. Nous fîmes le tour de la maison sans voir personne et nous gagnâmes le chemin, contents de nous éloigner de cette demeure de silence et de misère.

1 The family had to split up. How was this done?
2 How did the father and son find their way to the manor house?
3 What alarmed them when they went into the courtyard?
4 What sort of person was the vicomtesse?
5 How did the visitors get up to their bedroom?
6 Why was the boy silent when he looked round the room?
7 How was the room furnished?
8 What was the bed like?
9 What impressed the father when he was fully awake the next morning?
10 Why was the father worried about leaving the house?

1 A l'hôtel il n'y avait pas la place pour toute la famille. Quelle solution a-t-on trouvée à ce problème?
2 Comment le père et son jeune fils ont-ils trouvé le chemin du manoir?
3 Pourquoi le chien ne pouvait-il pas faire de mal aux visiteurs?
4 Pourquoi était-il évident que la maîtresse de maison n'était ni riche ni heureuse?
5 Comment les visiteurs sont-ils montés à leur chambre?
6 Qu'est-ce qui manquait dans cette chambre?
7 Pourquoi les visiteurs ont-ils accepté de coucher dans le lit?
8 Quand le père s'est réveillé le lendemain matin, quels bruits entendait-il?

9 Pourquoi les visiteurs se sont-ils levés de bonne heure?
10 Au moment de quitter la maison, de quoi le père avait-il peur?

19 An embarrassing situation

A marée basse j'aimais pêcher des crevettes dans les flaques d'eau laissées entre les rochers par le reflux, et dans les petites criques entre les écueils. Parfois même, en m'avançant avec précaution, il m'arrivait d'apercevoir les antennes d'un homard. Mais ce sont des bêtes fort circonspectes; au moindre signe de danger elles se retirent dans les trous des rochers, ou bien elles partent comme un éclair, car, à l'aide de leur queue puissante, elles peuvent nager avec une rapidité incroyable.

Un après-midi je pris mon filet et je descendis vers le rivage. Pour arriver jusqu'aux écueils il fallait d'abord escalader plusieurs arêtes de rochers. On montait et descendait lentement, cherchant des prises pour les pieds, toujours conscient du danger qu'il y avait de tomber et d'être blessé par les aspérités des rochers.

Eh bien, cet après-midi-là je n'eus pas de chance. En descendant le long d'un haut rocher, je perdis pied et je glissai sur mon derrière jusqu'au bas. Par bonheur je n'eus pas de mal; malheureusement le fond de mon pantalon fut largement déchiré.

J'étais seul, personne ne me voyait; je continuai donc à pêcher des crevettes et j'en pris une trentaine. Mais il fallait maintenant penser au retour. Comment allais-je rentrer à l'hôtel sans passer par les rues? Avec le fond de mon pantalon arraché, j'aurais l'air ridicule; les enfants se moqueraient de moi. Je résolus donc de faire un détour. Je longeai le rivage pendant cinq cents mètres, puis je pris un chemin à gauche. Je savais que, quelques centaines de mètres plus loin, je trouverais un autre tournant à gauche, un chemin qui, dans la ville, devenait une petite rue tranquille. Ainsi j'éviterais les rues passantes et j'arriverais à l'hôtel sans être trop embarrassé.

1 What did the narrator like to fish for? Where did he find his quarry?
2 How did he occasionally spot a lobster?
3 Why were the lobsters very difficult to catch?
4 What obstacles had the narrator to get over before reaching his favourite places?
5 What risk did he run in getting over these obstacles? What precautions did he take?
6 On this particular afternoon the narrator had an accident. How did this come about, and what was the result?
7 In spite of this, he went on fishing. What was his catch?
8 What problem had he to face when he wanted to go home?
9 What was he afraid of?
10 Give details of the way he took to return to the hotel.

1 Quel passe-temps le narrateur aimait-il beaucoup?
2 Où pêchait-il?
3 Quelle autre bête voyait-il de temps en temps?
4 Pourquoi ces bêtes étaient-elles très difficiles à prendre?
5 Quels obstacles fallait-il surmonter pour arriver aux endroits où la pêche était bonne?
6 Quels risques courait-on en surmontant ces obstacles?
7 L'après-midi en question, il est arrivé au narrateur un accident. Qu'est-ce qui s'est passé? Et quel était le résultat?
8 Malgré cet accident, il a continué à pêcher. Qu'a-t-il pris?
9 Pourquoi le narrateur hésitait-il à traverser la ville pour rentrer à l'hôtel?
10 Quel chemin a-t-il pris pour regagner l'hôtel?

20 A planter's sleep disturbed

Vous me demandez si nous trouvions parfois des bêtes dans la maison. Oui, cela arrivait de temps en temps. Je vous ai déjà parlé des scorpions. Il entrait parfois d'autres visiteurs. A ce propos, je me rappelle un incident très drôle. J'étais seul à la maison; ma femme et les enfants étaient allés en visite chez des amis. En ce temps-là, avant les troubles, on ne craignait rien; la nuit je ne me donnais même pas la peine de verrouiller ma porte ... Eh bien, étant seul, j'ai passé la soirée à faire des comptes, puis, ayant bu un dernier whisky, je me suis couché et me suis bientôt endormi.

Une heure plus tard je me suis réveillé. Confusément je me demandais ce qui avait bien pu troubler mon sommeil. Alors j'ai entendu des petits coups secs. Je croyais que quelqu'un frappait à ma porte. Qui diable venait me trouver à cette heure? J'ai crié: Entrez! Silence absolu.

J'allais me rendormir, lorsque j'ai entendu de nouveau les petits coups. Je me suis dressé et j'ai hurlé: Entrez!

Un long silence, après quoi les coups ont recommencé. J'ai sauté à bas de mon lit, j'ai couru ouvrir la porte. Il faisait clair de lune, j'entendais au loin le cri d'un chacal, mais je ne voyais personne.

Perplexe, je me suis recouché. Au bout d'un moment les coups ont recommencé. Cette fois j'étais résolu à éclaircir le mystère. J'ai fait de la lumière et je me suis mis à examiner la pièce. Le croiriez-vous? Il y avait un gros lézard qui s'amusait à taper du menton sur ma machine à écrire que j'avais placée par terre! Peut-être voulait-il me rendre service en tapant quelques lettres! Toutefois j'en avais assez. Je l'ai saisi sans ménagements et je l'ai jeté dehors.

1 How often did the planter find creatures in his house?
2 On the occasion in question, why was he alone in the house?
3 How do we know that in those days the planter took no precautions against intruders?
4 When he woke up after a short sleep, what did he hear?
5 What did he think this noise was?
6 What did he do when the noise started again for the third time?
7 What did he see and hear when he looked outside?
8 What did he finally decide to do, and how did he set about it?
9 What did he find, and what was the creature doing?
10 What did he do with the creature?

1 Dans les pays chauds, quelle bête désagréable trouve-t-on quelquefois dans les maisons?
2 Pourquoi, ce jour-là, le planteur était-il seul à la maison?
3 Qu'est-ce qui fait penser qu'en ce temps-là les planteurs vivaient dans une sécurité complète?

4 A quoi le planteur a-t-il passé la soirée?
5 Qu'est-ce qui l'a réveillé?
6 Pourquoi a-t-il crié: «Entrez»?
7 Qu'a-t-il fait quand les coups ont recommencé pour la troisième fois?
8 Qu'a-t-il vu et entendu quand il a ouvert sa porte?
9 Qu'a-t-il fait quand ce bruit a repris pour la quatrième fois?
10 Comment la bête faisait-elle ce bruit?

21 Secret departure for North Africa (1942)

Je dormis profondément le reste de la nuit. Le 5 au matin, la tempête n'était pas calmée. Enfermés dans notre petite villa, nous tâchâmes de ne pas montrer d'impatience. Je reçus quelques visites de camarades sûrs, qui avaient appris ma présence ici. La conversation roula évidemment sur mon voyage, mais aucun ne se doutait du véritable motif.

Dans l'après-midi, le vent tomba légèrement. Le sous-marin signala qu'il ne pourrait donner une indication précise qu'au début de la nuit. Les heures furent longues.

A 19 heures, nous étions enfin fixés. L'embarquement serait difficile, mais possible. Il nous attendrait à l'endroit qu'il fixa à l'entrée de la baie, à environ deux milles en mer.

Immédiatement le lieutenant alla prévenir notre pêcheur. Celui-ci était très réservé. Il avait beau demander une grosse somme pour son expédition, il ne tenait pas à perdre son bateau. On devrait revenir le trouver à 22 heures, pour savoir si vraiment on pouvait sortir.

A l'heure dite, Viret et mon fils Bernard furent à la porte du hangar où était abrité le canot. Ils poussèrent celui-ci à l'eau. Le patron se décida tout de même à se mettre au moteur, tandis qu'un jeune garçon, avec sa lampe électrique de poche ferait les signaux de reconnaissance. C'était Viret qui tenait la barre.

Nous descendîmes à 23 heures sur la plage. Quoique encore agitée, la mer permit au canot d'aborder le long du rocher qui abritait une petite anse. Une bonne poignée de main aux camarades qui nous avaient aidés, et nous nous embarquâmes, Beaufre, Viret, mon fils et moi dans le petit bateau qui portait notre fortune.

adapted from GENERAL GIRAUD *Mes Evasions*
Julliard

1 Why were the General and his companions feeling some impatience?
2 Where was the General staying, and what people called on him?
3 A signal was received. Where did it come from, and what did it say?
4 What definite arrangements were made at 7 p.m.?
5 What was the fisherman going to do? What was he afraid of?
6 What fresh arrangements were made with the fisherman at about 7 p.m.?
7 When it was a question of getting away, what jobs were to be done by (*a*) Viret (*b*) the General's son (*c*) the fisherman?
8 What was the fisherman's young assistant going to do?
9 When the General went down to embark, where exactly was the boat waiting?
10 How many persons went off in the boat?

1 Qu'est-ce qui empêchait le général et ses amis de partir?
2 Quelques visiteurs sont venus voir le général. Que savaient-ils, et qu'est-ce qu'ils ne savaient pas?
3 Dans quoi le général et ses hommes allaient-ils traverser la Méditerranée?
4 Quel signal le genéral a-t-il reçu à sept heures du soir?
5 Où le rendez-vous aurait-il lieu?
6 Quelles étaient les idées du pêcheur sur ce départ?
7 Quand le pêcheur se déciderait-il?
8 Combien d'hommes se sont embarqués? Nommez-les.
9 Où se sont-ils embarqués exactement?
10 Qui a dirigé le bateau? De quoi le pêcheur s'occupait-il?

22 No tip required

—D'après mon guide, ai-je dit au gardien, il y aurait dans ce musée un certain nombre de tableaux de Géricault?

—C'est exact, a répondu l'homme, seulement ils ne sont pas exposés en ce moment, ils sont en dépôt. Vous voulez les voir? Eh bien, suivez-moi, monsieur.

Nous sommes passés par plusieurs corridors et enfin le gardien s'est arrêté devant une porte, qu'il a ouverte avec une grosse clef:

—Voilà, monsieur, je vous laisse pour quelques minutes.

Il a refermé la porte à clef et je l'ai entendu s'éloigner.

La pièce où je me trouvais était assez sombre et fort poussiéreuse. Les tableaux y étaient déposés pêle-mêle, comme chez un brocanteur. J'ai découvert sans difficulté cinq ou six grandes toiles de Géricault, dont plusieurs représentaient des chevaux, mais des chevaux superbes, puissants, fougueux. Je suis resté un long moment à contempler ces toiles magnifiques, puis je me suis dit que le gardien ne tarderait pas à revenir. Evidemment il faudrait lui donner un pourboire. Est-ce que j'avais de la monnaie? Dans ma poche je n'ai trouvé qu'une pièce d'un franc et une pièce de cinquante centimes. J'ai sorti mon portefeuille: je n'avais que deux billets de cent francs. Sans doute le gardien se disait-il qu'un étranger bien habillé et qui parlait couramment le français lui donnerait un gros pourboire pour ce service exceptionnel. J'aurais honte de ne lui offrir qu'une somme minime.

Comme je me livrais à ces réflexions, j'ai entendu un bruit de pas, puis le grincement d'une clef dans la serrure, et la porte s'est ouverte. Mais ce n'était pas mon gardien, c'était un monsieur fort poli vêtu d'un complet sombre. Il est entré, m'a serré la main et s'est mis à parler de Géricault. Il s'y connaissait bien en peinture et soulignait des traits que moi, je n'aurais pas remarqués. Enfin il m'a reconduit jusqu'à la grande porte, en causant d'une façon intelligente et charmante. Evidemment ce n'était pas le genre d'homme à qui l'on pouvait offrir un pourboire.

1 Where was the narrator? What was he looking for?
2 Why could he not see the works in question? Where were they?
3 Where did the attendant take the visitor?
4 How did the attendant make sure that the visitor would be safe?
5 What was apparently Géricault's favourite subject? How did he treat it?
6 What question would obviously arise when the attendant returned?
7 Why would the narrator find this an awkward problem?
8 What warned the visitor that some one was coming for him?
9 What made the narrator think that the man who actually came was somebody important?
10 Why had the narrator reason to be relieved at this outcome of the incident?

1 Où se trouvait le narrateur?
2 Le narrateur voulait voir des tableaux. Lesquels? Pourquoi ne pouvait-il pas les trouver?
3 Qu'a fait le gardien pour faire plaisir au visiteur?
4 Comment était la pièce dans laquelle le gardien a fait entrer le visiteur?
5 Qu'est-ce qui fait croire que Géricault aimait beaucoup les chevaux?
6 Combien d'argent le narrateur avait-il sur lui?
7 Quelle difficulté se présente lorsqu'il s'agit d'offrir un pourboire au gardien?
8 Comment était la personne qui est venue trouver le visiteur?
9 Qu'est-ce qui prouvait que ce monsieur était bon connaisseur en peinture?
10 Pourquoi le visiteur n'a-t-il pas offert un pourboire à ce monsieur?

23 Retrieving stolen furniture

J'étais là depuis plus d'une heure quand j'entendis des pas, des pas légers, lents, je ne sais où. Je faillis me sauver; mais, me raidissant, j'appelai de nouveau, et j'aperçus une lueur dans la pièce voisine.

—Qui est là? dit une voix.

Je répondis:

—Un acheteur.

On répliqua:

—Il est bien tard pour entrer ainsi dans les boutiques.

Je repris:

—Je vous attends depuis plus d'une heure.

—Vous pouviez revenir demain.

—Demain, j'aurai quitté Rouen.

Je n'osais pas avancer, et il ne venait pas. Je voyais toujours la lueur de sa lumière éclairant une tapisserie qui m'appartenait aussi.

—Eh bien, venez-vous?

Il répondit:

—Je vous attends.

Je me levai et j'allai vers lui.

Au milieu d'une grande pièce était un tout petit homme, tout petit et très gros. Il avait une barbe rare et pas un cheveu sur la tête. Il était hideux.

Je marchandai trois chaises qui étaient à moi, et les payai sur-le-champ une grosse somme, en donnant simplement le numéro de ma chambre à l'hôtel. Elles devaient être livrées le lendemain avant neuf heures.

Puis je sortis. Il me reconduisit jusqu'à sa porte avec beaucoup de politesse.

Je me rendis ensuite chez le commissaire central de la police, à qui je racontai le vol de mes meubles et la découverte que je venais de faire.

1 After a long wait, what did the customer finally hear and see?
2 What inclined the customer to think that the dealer was suspicious?
3 How did the dealer try to persuade the customer to go away?
4 When do we first learn that the dealer was in possession of stolen property?
5 What did the dealer finally suggest that the customer should do?
6 What was the dealer like?
7 What business was transacted?
8 What means of identification did the narrator give the dealer?
9 What arrangement was made concerning the delivery of the goods?
10 What information did the narrator give to the police?

1 Où était le narrateur?
2 Après avoir longtemps attendu, qu'a-t-il vu et entendu?
3 Qu'a dit le marchand pour indiquer qu'il ne voulait pas recevoir le client?
4 Comment savons-nous qu'il y avait dans la boutique des objets volés?
5 Qu'est-ce que le client finit par faire?
6 Comment était le marchand?
7 Qu'est-ce que le narrateur a acheté?
8 Quelle adresse a-t-il donnée au marchand?
9 Quand la marchandise devait-elle être livrée?
10 Qu'a fait le narrateur après avoir quitté la boutique?

24 A dog breaks loose

M. Piccolin demande à la fermière qui se tient sur le pas de sa porte:

—Est-ce qu'il mord, votre chien?

—Il mordrait s'il pouvait, dit la fermière, et quand on le lâche la nuit, je vous promets qu'il ne serait guère prudent de rôder autour d'ici.

—Je comprends! dit M. Piccolin. En attendant, voulez-vous nous donner quatre tasses de lait pour moi et ma famille?

Elle les sert et, comme elle a autre chose à faire, elle ne s'inquiète plus d'eux.

Les Piccolin, tenant du bout des doigts leurs tasses de lait, qu'ils boivent par petites gorgées, se promènent dans la cour. Mais une inquiétude limite leur plaisir, et ils jettent fréquemment un coup d'œil au chien, qui continue d'aboyer derrière eux.

—Te tairas-tu? lui dit M. Piccolin; ne sommes-nous pas encore amis?

Après avoir visité les étables, ils viennent finir leurs tasses de lait devant le chien.

—Tu fais un joli vacarme, lui dit Piccolin. Tais-toi donc, tu vas t'étrangler. C'est heureux que ta chaîne soit solide?

Puis, ne pouvant plus calmer le chien, ils l'excitent, lui

77

jettent des cailloux, aboient avec lui.

Le chien hurle, bondit et tord si violemment sa chaîne que, tout à coup, elle se casse et tombe par terre.

Il est libre!

Mme Piccolin pousse un cri: «Mon Dieu! mon Dieu!» M. Piccolin, qui riait, reste bouche ouverte, comme s'il riait toujours. Les petits Piccolin oublient de se sauver. Une tasse s'échappe et se brise, et la fermière, les bras levés, accourt.

Mais le plus stupide, c'est encore le chien. Le bond dont il allait s'élancer, il ne le fait pas. Il tourne sur place. Il flaire sa chaîne qui ne le retient pas. Avec un grognement sourd, il rentre dans sa niche.

1 How does the farmer's wife sum up her dog's nature? When could the animal be dangerous?
2 Why has the Piccolin family come to the farm-house?
3 What do they do when the woman has let them have what they wanted?
4 How do the Piccolins drink what they have bought?
5 What makes them feel uncomfortable?
6 Where do they go to while away the time?
7 What do they do to show their dislike of the dog?
8 How does the chain come to break?
9 What brings the farmer's wife quickly to the scene?
10 What does the dog do once he is free?

1 Quand le chien du fermier était-il dangereux?
2 Pourquoi les Piccolin sont-ils venus à la ferme?
3 Que fait la fermière quand elle a servi les Piccolin?
4 Que font les Piccolin quand la fermière les a servis?
5 Pourquoi éprouvent-ils une certaine inquiétude?
6 Pourquoi les Piccolin n'ont-ils pas peur du chien?
7 Que font-ils pour exciter la bête?
8 Que font-ils quand le chien casse sa chaîne?
9 Qu'est-ce qui avertit la fermière que quelque chose est arrivé?
10 Que fait le chien quand il se trouve libre?

25 The new lodger

Ce fut alors qu'arriva chez elle un homme blond, en veste de cuir et qui enleva pour se présenter à elle une casquette de chauffeur. Il parlait le français avec une courtoisie singulière, mais aussi avec un accent qui dérouta Mlle Mesureux. Il dit:

—Madame, si vous le permettez et si vous avez de la place, je serai ravi de prendre pension ici. Mon garage est tout près, rue de la Pompe.

En d'autres temps, Mlle Mesureux n'aurait même pas écouté un inconnu aussi bizarrement costumé, mais la moitié de la maison était vide et les charges chaque jour devenaient plus écrasantes. Elle allait donc accepter, lorsque l'homme ajouta:

—Comme je travaille la nuit, madame, et que je rentre à cinq heures du matin, je vous serai très obligé de me donner la clef de la porte pour ne point vous déranger chaque fois.

Tandis qu'elle réfléchissait, l'inconnu reprit:

—N'ayez pas peur, madame, je ne réveillerai personne, je vous assure. Je sais marcher comme une ombre.

—Pour la clef, monsieur, dit-elle sévèrement, n'y comptez pas. Je n'en ai qu'une et qui ne me quitte jamais. Mais je me lève très tôt et vous ouvrirai moi-même. Je vous prierai seulement de ne pas sonner. La maison a toujours été la plus tranquille du quartier.

Elle soupira légèrement en songeant à la demi-douzaine de pensionnaires qui lui restaient et aux regards qui accueilleraient le nouveau venu. Mais il était trop tard pour reculer.

J. KESSEL *Nuits de Princes*
Editions de France

1 A man came to the house. What was he like and how was he dressed?
2 What made Mlle Mesureux realize that he was a foreigner?
3 What did the man want?
4 Why was Mlle Mesureux in difficulties at the time?
5 Why did the man ask for a key?

6 How did he seek to reassure Mlle Mesureux that he would not be a nuisance?
7 On what grounds did Mlle Mesureux refuse to hand over a key?
8 What arrangement was she prepared to make?
9 What would the man be asked not to do?
10 What misgivings were still in the woman's mind?

1 Comment était habillé l'inconnu qui est venu à la maison?
2 Pourquoi Mlle Mesureux croyait-elle que c'était un étranger?
3 Quel était le métier de cet homme?
4 Pourquoi voulait-il prendre pension chez Mlle Mesureux?
5 Pourquoi Mlle Mesureux était-elle disposée à recevoir cet inconnu chez elle?
6 Pourquoi l'homme voulait-il avoir la clef de la porte?
7 Comment cherche-t-il à assurer Mlle Mesureux qu'il ne dérangera personne en rentrant?
8 Pour quelles raisons Mlle Mesureux refuse-t-elle de donner une clef?
9 Comment l'homme pourra-t-il rentrer à cinq heures du matin?
10 Pourquoi, en acceptant ce nouveau pensionnaire, Mlle Mesureux était-elle inquiète?

26 A young man loses his head

Le vendredi suivant je me rendis chez le fleuriste et, avec mes économies, j'achetai un bouquet de gros œillets rouges au parfum exquis. Je portai mes fleurs chez le petit épicier et le priai de me les garder jusqu'au soir. Il prit d'abord un air maussade, mais quand je lui glissai cinq francs, il accepta de faire ce que je demandais.

Ce soir-là, vers huit heures, je courus à l'épicerie prendre mon bouquet et je me dirigeai vers le théâtre. Mon émoi était grand; je tremblais, j'avais le visage en feu. Par quel prétexte allais-je colorer cette visite insolite? Et ces compliments délicats que j'allais adresser à Madame Claire? J'avais tout oublié.

Cependant, je sentais qu'il fallait aller jusqu'au bout. Arrivé au théâtre, je me rendis à la loge de Madame Claire,

je frappai à la porte. Au bout d'un instant j'entendis sa voix:
«Entrez!»

J'entrai, mon bouquet à la main. Madame Claire était
assise devant sa glace et se maquillait. Heureusement son
habilleuse n'y était pas. Claire n'eut pas besoin de se retourner:
elle me voyait fort bien dans la glace.

—Alors, dit-elle, d'un ton assez dur, qu'est-ce que tu viens
chercher à présent? C'est bientôt l'heure de la représentation.
Comme tu vois, je suis occupée et je n'ai pas le temps de
bavarder. Tu m'apportes quelque chose?

—Oui, monsieur, dis-je . . . je veux dire, oui, madame . . .

Elle se retourna brusquement et me dévisagea. Je restai là,
bouche bée, stupide, perdu, mon bouquet pendant à bout de
bras.

—Mais qu'est-ce que tu as, mon garçon? me dit-elle, tout
étonnée. Qu'est-ce que c'est que ces fleurs? Si c'est pour ça
que tu es venu, donne-les-moi vite et remercie bien ton père
de ma part. Maintenant, file, je n'ai pas un instant à perdre.

Je me retirai, couvert de honte. Etait-ce vrai que je lui
avais dit: *Oui, monsieur?* Jamais je ne me pardonnerais cette
stupidité!

1 What did the youth buy, and where did he take his purchase?
2 What did he ask of the shopkeeper, and how did he induce the
  man to comply?
3 When the youth left home in the evening, where did he go?
4 Whom was he going to see, and with what intention?
5 What did he do when he reached the theatre?
6 What was Madame Claire doing when he went in?
7 Why did the lady appear to resent this intrusion?
8 What blunder did the young man make?
9 What false assumption did the lady make?
10 How did she put an end to this visit?

1 Pourquoi le jeune homme est-il allé chez le fleuriste?
2 Dans quelle intention a-t-il porté son bouquet chez l'épicier?
3 Pourquoi se voyait-il obligé d'offrir cinq francs à l'épicier?
4 Qui allait-il voir au théâtre?
5 Qu'avait-il l'intention de faire quand il verrait cette personne?

6 Arrivé au théâtre, où est-il allé?
7 Comment, sans se retourner, Madame Claire savait-elle qui était entré?
8 Pourquoi l'actrice était-elle ennuyée par cette visite?
9 Quelle faute stupide le jeune homme a-t-il commise?
10 En acceptant le bouquet, qu'est-ce que Madame Claire a cru?

27 A hunted man

Keller roulait dans une rue mouvementée. A certain moment, en regardant dans son rétroviseur, il s'aperçut qu'il y avait derrière lui une camionnette; derrière celle-ci il entrevoyait la voiture policière. Devant lui les autos ralentissaient: on approchait d'un feu rouge. Le feu tourna au vert, mais les voitures n'avancèrent point; en tête de la file il y avait un camion qui allait tourner à gauche, mais le défilé ininterrompu l'empêchait de passer. Enfin le camion put avancer, les autos devant Keller se mirent en marche. Le feu allait changer. Keller allait-il pouvoir passer? Il le fit de justesse. Au moment où il se trouvait au milieu du carrefour le feu tourna au rouge. Vite il regarda dans son rétroviseur. La camionnette derrière lui s'était arrêtée, et derrière elle stationnait la grosse voiture noire.

Keller comprit aussitôt que le moment était venu de tenter sa chance. Il suivit la rue pendant deux cents mètres, puis il tourna à gauche, à droite, à gauche encore. Il arrivait dans son quartier: en voici les rues étroites, les rangées de petites boutiques, la foule ouvrière. De nouveau il tourna à gauche. En le faisant il jeta un coup d'œil par la glace et il crut voir au loin le capot de la voiture policière. Derrière une église il arrêta son auto, retira la clef d'allumage, descendit en hâte et se mit à courir. Il risqua un coup d'œil: personne ne le suivait. Il arriva dans la ruelle derrière l'hôtel, il s'engouffra dans la porte de la cuisine. Au moment d'entrer il crut entendre au loin les pas rapides de quelqu'un qui courait.

Dans la cuisine une bonne femme faisait la vaisselle. Elle eut l'air ahuri, mais elle n'eut pas le temps de proférer une parole.

1 When Keller looked in his driving-mirror, what did he see?
2 When the traffic lights changed, why did the cars in front remain stationary?
3 Where was Keller's car when the lights changed again?
4 Why must Keller have experienced a feeling of great relief?
5 How did he set about shaking off his pursuers?
6 In what sort of quarter did Keller live?
7 What made him suspect that he was still being followed?
8 Where did Keller stop? What did he do then?
9 How did he enter the hotel where he was living?
10 Who was the first person he saw when he went in? What did he say to this person?

1 Que fait un automobiliste quand il veut savoir ce qui est derrière lui?
2 Comment Keller se sait-il poursuivi?
3 Pourquoi, quand le feu a tourné au vert, les voitures n'ont-elles pas avancé?
4 Quand les voitures ont-elles pu avancer?
5 Où était Keller quand le feu a tourné au rouge?
6 Pourquoi la voiture policière a-t-elle été obligée de s'arrêter?
7 Qu'a fait Keller pour essayer d'échapper à ceux qui le poursuivaient?
8 Quelle sorte de quartier Keller habite-t-il?
9 Où est-il descendu de sa voiture?
10 Qu'est-ce qui lui fait croire qu'il est toujours poursuivi?

28 Revolutionary tribunal

Une porte venait de s'ouvrir, livrant passage à un groupe de six personnes, deux officiers et quatre civils. Les officiers gagnèrent chacun l'une des extrémités de la grande table et demeurèrent là, debout, au port d'armes, attitude qu'ils conservèrent durant toute la séance. Trois des civils s'installèrent dans les fauteuils. Le quatrième, une espèce de géant roux et frisé, qui roulait des épaules en marchant, fit le tour de la salle, avant de venir s'asseoir derrière celui de ses collègues qui occupait le fauteuil du milieu.

—Je désirerais obtenir un peu moins de bruit, dit ce

dernier. Est-ce dans les choses possibles?

Le géant roux, vers qui il s'était retourné, eut un geste d'indifférence:

—Vous n'avez qu'à faire évacuer la salle.

—Ce n'est pas réglementaire.

—Pas réglementaire? Quelle histoire!

Il s'était dressé.

—Holà! fit-il d'une voix de tonnerre. J'aperçois ici un tas de propres à rien qui feraient mieux d'être à leur travail. Que je n'aie pas à le répéter deux fois!

Quelques murmures coururent.

—Hein? Qu'est-ce que c'est?

Il avait fait un pas en avant, et, ses deux énormes poings appuyés sur la table, et promenant sur l'assistance un œil menaçant:

—Je compte jusqu'à dix. Un . . . deux . . . trois . . .

Ce fut aussitôt une ruée vers les portes. La terrible voix n'avait pas annoncé huit qu'il ne restait plus que les juges, les officiers, les sentinelles, et moi, naturellement.

PIERRE BENOIT *Le Soleil de Minuit*
Albin Michel

1 What persons constituted the court?
2 What part did the military take in the proceedings?
3 Who were the judges? Where did they sit?
4 What was the fourth civilian like?
5 Why is it evident that this man was an underling?
6 Who spoke to this big fellow? What did he ask him?
7 Why is it clear that the big fellow had little regard for the law?
8 How did he seek to intimidate the public?
9 What makes us think that some of the people demurred?
10 How did the big man finally clear the court?

1 Quelles personnes constituaient le tribunal?
2 Quel rôle les officiers ont-ils joué?
3 Combien y avait-il de juges? Lequel était le plus important?
4 Quel était le rôle du quatrième civil?

84

5 Qu'est-ce qui fait croire qu'au début la séance était assez bruyante ?

6 Pour imposer le silence, qu'est-ce que le géant roux a proposé au juge principal ?

7 Quelle objection le juge oppose-t-il à cette proposition ?

8 Comment le gros homme cherche-t-il à intimider le public ?

9 «Quelques murmures coururent.» Que signifiaient ces murmures ?

10 Comment le gros homme a-t-il fini par chasser l'assistance ?

29 Pioneer flight across the South Atlantic

Le Brix, plongé dans ses calculs, essaya de fixer notre position, quand soudain, à travers un «trou» une bande blanchâtre apparut, qui ne pouvait être que la terre.

Sur une feuille de bloc-notes, Costes griffonna :

«Regarde! je crois que c'est l'Amérique!»

Le Brix sursauta, interrompit ses calculs et, tous deux, penchés à l'extérieur de la carlingue, nous examinâmes ce paysage bizarre qui apparaissait entre les cumulus.

C'était bien la terre. Il était 1 heure 35, et, en admettant que nous ayons atteint le but, nous serions un peu en avance.

C'était pourquoi, en descendant sous les nuages au-dessus desquels nous avions navigué jusqu'ici, nous nous demandions où nous étions exactement, sur le continent américain ou sur une île.

Si c'était une île, il ne saurait être question de Fernando de Noronha, située à 370 kilomètres du cap Saint-Roque, c'est-à-dire à 160 kilomètres au Sud de notre route, et puis nous serions bigrement en retard. Il ne nous restait donc que l'îlot de Las Rocas, à 225 kilomètres du même cap. Une exploration à basse altitude allait nous fixer.

Nous étions maintenant à 200 mètres au-dessous des nuages. Leur ombre, projetée par la lune, défilait rapidement, plongeant alternativement dans la lumière et l'obscurité le rivage que nous survolions. Nous nous rendîmes compte alors que nous avions été bien inspirés en voyageant haut, car les alizés soufflaient assez fortement. La plage continuait . . . Ainsi, plus de doute, nous n'avions pas affaire à une île.

Une nouvelle fois, nous avions découvert l'Amérique!

Nous avions volé dix-sept heures au-dessus de la mer, sans remarquer le moindre vestige de vie, sans voir le moindre bateau, seuls, absolument seuls, avec l'eau pour plancher et pour plafond les nuages.

adapted from D. COSTES ET J.-M. LE BRIX *Notre Tour de la Terre*
Hachette

1 Le Brix was busy. What was he doing?
2 What did Costes see through a gap in the clouds? What did he think this was?
3 How did Costes convey this news to Le Brix?
4 The time was 1.35. Was this 1.35 in the afternoon or in the morning?
5 What the men saw was possibly an island. What ruled out Fernando de Noronha?
6 At what height did the aviators fly to observe the coastline?
7 Why was the coast sometimes easy to see, at other times less easy to see?
8 What difference in flying conditions did the men notice at a lower altitude?
9 What made them conclude that what they saw was indeed the American continent?
10 How long had the flight taken? What had the aviators seen in the course of the flight?

1 Comment la terre est-elle apparue aux aviateurs?
2 Qu'ont-ils dû faire pour mieux voir la terre?
3 Est-ce que leurs calculs avaient été justes?
4 Pourquoi n'avaient-ils rien vu jusqu'ici?
5 Quelle question les aviateurs se posaient-ils?
6 Si ce qu'ils ont vu était une île, pourquoi étaient-ils certains que ce n'était pas Fernando de Noronha?
7 Il était 1 heure 35. Etait-il 1 heure 35 du matin ou de l'après-midi?
8 Pourquoi était-il difficile de bien voir le rivage?
9 Pourquoi les aviateurs avaient-ils bien fait de voler haut?
10 Combien de temps la traversée avait-elle duré? Qu'avaient vu les aviateurs pendant le voyage?

30 A telegram causes a stir

Le repas touchait à son terme et déjà l'on servait le dessert. J'avais fini par croire qu'il n'arriverait rien du tout. Soudain Mariette se précipita dans la salle à manger, tenant à la main un télégramme. Elle n'avait pas pris la peine de le poser sur un plateau, elle ne l'avait pas remis à la femme de chambre qui était chargée de la table. Tel qu'elle l'avait reçu du facteur, elle l'apportait en personne. Elle aussi flairait quelque nouvelle d'importance et voulait sans délai en être instruite.

—C'est pour M. Rambert, dit-elle.

Elle dépassa la place de mon grand-père et traversa la pièce dans toute sa longueur, comme si elle accomplissait son devoir en allant tendre le papier bleu à mon père, qui était du côté des croisées. Mon père le reçut, mais il le tendit au destinataire véritable:

—Le voulez-vous?

—Oh! non, merci, refusa grand-père avec son petit rire. Ouvre-le toi-même.

Néanmoins il jeta un coup d'œil rapide et vif sur le télégramme.

Il se fit un silence presque solennel, si complet que j'entendais la déchirure du papier. Comment mon père pouvait-il l'ouvrir avec si peu d'impatience? Tous nos regards convergeaient sur le travail prudent de ses deux mains, sauf ceux de grand-père qui, tout aussi paisiblement, débarrassait de sa croûte un morceau de fromage. Mon père sentit notre anxiété; au lieu de rire, il releva les yeux sur nous:

—Continuez de manger, dit-il. Ce n'est pas votre affaire.

Et se tournant vers la cuisinière qui était restée penchée derrière le dossier de sa chaise:

—Vous pouvez aller, Mariette, je vous remercie.

HENRI BORDEAUX *La Maison*
Plon

1 What stage had the family reached in their meal?
2 What customs had Mariette dispensed with in her hurry to deliver the telegram? Why did she bring it in herself?
3 To whom was the telegram actually addressed?
4 To whom did Mariette hand the telegram?
5 What did this person do as soon as he received it?
6 What made the narrator think that the old man was more concerned about the telegram than he claimed?
7 What sound broke the silence when the father was about to read the telegram?
8 What was the grandfather doing meanwhile?
9 What leads us to think that this telegram was of great importance?
10 What showed that Mariette was very inquisitive?

1 A quel moment Mariette a-t-elle apporté le télégramme?
2 Evidemment elle était pressée. Qu'est-ce qu'elle aurait dû faire du télégramme?
3 Pourquoi l'a-t-elle apporté en personne?
4 A qui le télégramme était-il adressé?
5 Qu'a fait le père en recevant le télégramme des mains de Mariette?
6 Comment sait-on que ce télégramme était important?
7 Que faisait le grand-père pendant que le père ouvrait le télégramme?
8 Selon vous, est-ce que ce télégramme annonçait de mauvaises nouvelles? Donnez vos raisons.
9 Qu'est-ce que le père a conseillé à tout le monde de faire?
10 Quelle était l'attitude de Mariette pendant ce temps?

31 Mixed up with men of violence

Presque aussitôt, je vis sortir des ténèbres un homme qui fuyait dans ma direction, et, en même temps, trois autres hommes derrière lui. Le premier vint me tomber dans les jambes. Ceux qui le poursuivaient furent sans doute surpris de voir deux personnes au lieu d'une, et ils hésitèrent un moment; puis, rassurés par mon air inoffensif, ils se jetèrent sur nous. L'un d'eux me cria dans la figure:

—Qu'est-ce que tu veux? Est-ce que ça te regarde?

Et voilà que je reconnus le petit boucher. Les deux autres

s'acharnaient à coups de couteau sur le blessé. Mais le petit boucher leur dit:

—C'est fini. Je connais celui-là! Il va bavarder.

Ils répondirent:

—Tue-le!

Mais au même moment, l'un d'eux cria: «La police!»

Aussitôt ils prirent la fuite. Je vis une lueur blanche, accompagnée d'une détonation: le petit boucher, avant de s'enfuir, avait tiré sur moi un coup de revolver. Il disparut dans le brouillard, et je me crus mort.

Alors seulement j'entendis le pas des agents. Ils m'empoignèrent brutalement. J'eus le temps de crier:

—Grâce! ce n'est pas moi!

Mais je fus tout de suite étourdi de coups.

Arrivé au poste, j'ai raconté le drame du pont et comment j'avais reconnu, dans mon agresseur, le petit garçon boucher. On m'a tout de même gardé au poste. Pourvu que je ne passe pas en justice! Je perdrais ma place. Ces choses-là n'arrivent qu'à moi.

EDMOND HARAUCOURT *La Peur*
Fasquelle

1 The narrator saw some men. How many were there, and what were they doing?
2 What happened to the man in front?
3 How did the assailants treat the narrator?
4 What did they do to the other man?
5 The narrator recognized one of the assailants. What was he?
6 Why was the narrator in mortal danger? What saved him?
7 What actual attempt was made on his life?
8 What did the policemen do when they came up?
9 What did the narrator tell the police?
10 What was the narrator afraid of?

1 Le narrateur voit des hommes. Combien sont-ils? Que font-ils?
2 Qu'arrive-t-il à l'homme poursuivi?
3 Pourquoi les autres s'attaquent-ils au narrateur?

4 Le narrateur a reconnu un des agresseurs. Quel était le métier de cet homme?
5 Pourquoi a-t-on voulu tuer le narrateur?
6 Pourquoi les agresseurs ont-ils pris la fuite?
7 Qu'a fait l'un d'eux au dernier moment?
8 Qu'ont fait les policiers quand ils sont arrivés sur les lieux?
9 Où le narrateur a-t-il passé la nuit?
10 Qu'est-ce qui lui arriverait s'il passait en justice?

32 A shady proposition

Bloch déposa la note sur le bureau, puis, baissant la voix, il dit à Delbret:

—Tenez, docteur, j'ai une petite proposition à vous faire, et j'espère que cela ne vous offensera pas. Je vous dois quatre cents francs, soit. Eh bien, si vous voulez me remettre un reçu portant le chiffre de sept cents francs, je vous payerai cinq cents . . .

—Mais, monsieur Bloch, dit le docteur, je ne vois pas où vous voulez en venir.

—Mais c'est bien simple. Quatre cents francs, c'est le chiffre officiel que vous allez inscrire sur votre livre de comptes. Je vous donne cinq cents; cela vous fait un petit bénéfice personnel de cent francs, n'est-ce pas? Vous me donnez un reçu portant le chiffre de sept cents. Je remets ce reçu à la compagnie, qui me remboursera en entier. Ainsi je m'offre un petit cadeau de deux cents francs. Rien de plus simple!

Le docteur Delbret, qui n'avait pas l'habitude de ces sortes de tricheries, regardait froidement son interlocuteur:

—Non, dit-il lentement, je ne peux pas faire cela. Voyez-vous, monsieur, nous sommes deux dans cette pratique. J'estime beaucoup mon confrère et je suis persuadé qu'il est parfaitement honnête; je ne voudrais pas lui cacher quoi que ce soit.

—Mais vous ne lui cachez rien! s'écria Bloch. Pour vos services vous me demandez quatre cents francs: c'est le chiffre que vous avez établi vous-même. Cette somme est versée à votre compte commun, ce qui est parfaitement régulier. Si nous faisons quelques petits arrangements entre nous, cela ne regarde personne.

Le docteur commençait à s'irriter. Il se leva en disant plutôt sèchement:

—Non, monsieur, il m'est impossible de faire ce que vous demandez. Payez-moi quatre cents francs, cela suffit. Je vous avoue que je n'ai pas l'habitude de ces sortes de manigances.

1 What had Bloch received from Dr Delbret?
2 What warned the doctor that Bloch was going to put a questionable proposition?
3 What was the proposition?
4 What was the doctor's reaction?
5 To what extent would the doctor profit from the proposed arrangement?
6 What would Bloch get out of it? How would he do it?
7 What was the chief reason why Dr Delbret could not agree to this?
8 How did Bloch seek to overcome the doctor's scruples?
9 How did the doctor show that he wished to end this interview?
10 What rebuke did he administer to Bloch?

1 Il s'agit d'une note. Quelle est cette note?
2 Combien Bloch doit-il au docteur pour ses services?
3 Bloch fait une proposition au docteur. Quelle est cette proposition?
4 Quelle est la réaction du docteur?
5 Selon Bloch, comment le docteur pourra-t-il s'offrir un bénéfice personnel de cent francs?
6 Comment Bloch se fera-t-il un bénéfice de deux cents francs?
7 Pourquoi le docteur ne peut-il pas approuver cette proposition?
8 Comment Bloch cherche-t-il à surmonter les scrupules du médecin?
9 Que fait le docteur pour indiquer qu'il veut mettre fin à cette conversation?
10 Comment la question est-elle réglée?

Passages
for Translation
into French

1 Present tense

(*a*) Some common irregular verbs (see pp. 172–181)

Translate into French:

(dire)	We say, you say.
(faire)	We do; you do; they make.
(savoir)	I do not know; do you know?
(voir)	Do you see? they do not see.
(partir)	I depart; they depart.
(aller)	He goes; we do not go; they go.
(ouvrir)	He opens; do you open?
(prendre)	I take; do you take? they take.
(mettre)	He puts; they put.
(boire)	I drink; we drink; they drink.
(venir)	I come here; they come here.

(*b*) Translate into French:

Each morning, at a quarter to eight[1], I go down into the dining room where I have breakfast with the family. Usually my sister comes down a few minutes later. My mother, who is always busy, comes and goes[2] between the kitchen and the dining room. My father, who arrives at the factory at half-past eight, leaves the house at twenty past eight. He says that he is too fat, so in the morning[3] he drinks only a cup of coffee. When he is ready, he says good-bye, puts on his hat, goes to the garage and sets off for the factory in the car. At about[4] a quarter to nine I take my bike and set off for school, where I arrive a little before[5] nine.

1 For time by the clock, see §50, p. 168. 2 Say 'goes and comes'. 3 Just 'the morning' Do not translate 'in'. 4 About two o'clock, *vers deux heures* or *à deux heures environ*. 5 *devant* or *avant?*

2 Present tense

(*a*) Some irregular verbs (see pp. 172–181)

Translate into French:

(sortir)	She goes out; you go out.

(lire)	I read; we read; they read.
(croire)	I do not believe; do you think? they believe.
(devoir)	I must go; you must think; they must pay.
(vouloir)	I wish; you do not wish; they wish.
(pouvoir)	He can go; you can see; they can stay.
(connaître)	I know him; we do not know them.
(dormir)	He is sleeping; do you sleep well?
(sourire)	She smiles; you smile.

(*b*) Translate into French:

When I am on holiday in France[1] I am usually happy. I like the country and the people. You can be sure that I eat well and sleep well.

Now I am spending a few days in an old town which is very interesting. In the morning[2] I go out between ten[3] and eleven. If I want to buy a newspaper I go to the kiosk at the corner of the street. After a day or two the good woman knows me[4], she smiles and gives me[4] my paper, and I pay. Then I go for a stroll. I like the old quarters of the town, where there are lots of ancient houses.

When I am a little tired I go into a café and I drink something, perhaps a glass of white wine, and I read my paper. If the weather is hot[5] I stay on the terrace and I watch the passers-by. It is very pleasant. You must think I am very lazy!

1 §56, p. 170. 2 Just 'the morning'. Do not translate 'in'. 3 For time by the clock, see §50, p. 168. 4 §35, p. 162. 5 §54, p. 169.

3 Present tense

(*a*) Some irregular verbs (see pp. 172–181)

Translate into French:

(écrire)	She writes; you do not write.
(revenir)	He comes back; they do not come back.
(tenir)	I hold; do you hold? they hold.
(recevoir)	He receives; you do not receive; they receive.
(courir)	She runs; we run.

(reconnaître)   I recognize; do you recognize?
(comprendre)   He does not understand; do you understand?

(b) Translate into French:
Mother calls me from the kitchen:

'Marie, come[1] here a moment! Will you[2] go to the grocer's? Take a bit of paper and write a little list.'

I write this list; Mother opens her purse, gives me[3] some[4] money; I take a bag and I go to the grocer's shop which isn't far away.

M. Baudouin, who keeps[5] the shop, is a pleasant man. Naturally he knows nearly all his customers. When I go in he recognizes me, he smiles and says: 'Good morning, Miss, how are[6] you today? Now what do you require?'[7]

He puts my provisions on the counter, then he takes his pencil, writes down the prices and does the addition. I pay and I receive the change.

When there are several people in the shop I have to[8] wait, but I am impatient when a customer wants to tell the shop-keeper a long story. I don't understand how people can be so[9] stupid!

1 2nd person singular (*tu*).   2 Will you (do)? *veux-tu (faire)?*   3 §35, p. 162.   4 §27(a), p. 159.   5 Use *tenir*.   6 Use *aller*.   7 Use *désirer*. 8 Use *devoir*.   9 *aussi*.

4 Present tense

(a) Reflexive verbs (see §3, p. 146)

Translate into French:

(se coucher)	I go to bed; you go to bed.
(se lever)	He gets up early; they don't get up early.
(s'asseoir)	She sits down; we sit down.
(se reposer)	We are resting; you do not rest enough.
(s'arrêter)	The train stops; the cars do not stop.
(s'amuser)	Are you enjoying yourselves?
(se passer)	What is going on here?
(s'en aller)	The people go away.

(*b*) Translate into French:

Sunday[1] is a day which I like very much. When I wake up I ask myself, 'What day is it?' When I realize that it is Sunday I am always pleased. We get up later, we don't have to[2] go to school, we enjoy ourselves as we like.

But it is especially in the summer[3] that we like Sunday. If the weather is fine[4] we go off to the country in the car. We take[5] some provisions and a bottle of wine, we find a quiet place, we sit down and have lunch on the grass.

What do we do in[6] the afternoon? Well, the children go off into the fields and woods, Mother sits in the car and reads a magazine; Father reads the newspaper for[7] a few minutes, then he goes to sleep. Poor Dad, he must be tired after his week's work![8]

1 *le dimanche.* 2 Use *devoir.* 3 §52, p. 168. 4 §54, p. 169. 5 Use *emporter.* 6 Do not translate 'in'. 7 *pendant.* 8 'his week of work'.

5 Future tense (See §13, p. 152)

(*a*) Translate into French:

(sortir)	I shall go out; we shall not go out.
(prendre)	He will take; you will take.
(dire)	She will say; will you say?
(être)	He will be; you will be.
(avoir)	I shall have; will they have?
(aller)	He will go; you will not go.
(faire)	I shall do; you will make.
(voir)	She will see; they will not see.
(vouloir)	He will wish; we shall wish.
(revenir)	He will come back; we shall come back.

(*b*) Translate into French:

Jean calls his friend Pierre and says to him[1]:

'It is a quarter past twelve[2], I must go back to the hotel, because we shall have lunch at half-past twelve. I'll see you[3] on the beach this afternoon.'

'At what time will you come?' asks Pierre.

'I don't know exactly. After lunch I shan't come out at once, I shall stay some time with my parents. After the meal my mother will want to rest a little. We shall come down to the beach at about two o'clock.'[2]

'I think my parents will come too,' says Pierre. 'The two families will be happy to be[4] together. We'll bring our trunks and we'll bathe. Then, if it's very hot, we'll go to the shop and we'll have an ice.'

'A large ice!' says Jean. 'But listen[5], Pierre, what shall we do this evening? My parents will go for a stroll but I shan't stay with them[6]. Let's go[5] to the casino.'

'What a good idea!'[7] exclaims Pierre.

1 §35, p. 162.   2 §50, 168.   3 2nd person sing.   4 happy to (do), *heureux de (faire)*.   5 §2, p. 146.   6 §39(a), p. 163.   7 §33, p. 161.

6 Perfect tense with *avoir* (See §7, p. 148)

(a) Translate into French:

(trouver)	We have found.	(dire)	I have said.
(finir)	They have finished.	(écrire)	She has written.
(attendre)	He has waited.	(mettre)	We have put.
(avoir)	I have had.	(prendre)	They have taken.
(être)	She has been.	(pouvoir)	You have been able.
(faire)	You have done.	(voir)	We have seen.

(b) Translate into French:

Mme Blanc has been to town. When she comes back home she is rather tired. She sits down in the dining room and says to Mme Roucher, the daily help[1]:

'Ah! I'm pleased to[2] sit down. I have bought lots of things this morning and my bag is heavy . . . Well then, Madame Roucher, what have you done this morning?'

'Oh,' replies Mme Roucher, 'I have done all the things which I usually do. I have washed the dishes, I have cleaned the kitchen, I have done the bedrooms. I must tell you[3] that I haven't been able to open the window of Nicole's bedroom. I have tried several times.'

'I think that my husband will be able to open it[3] . . . Nobody[4] has telephoned?'

'No, madame, nobody has telephoned this morning.'

'You haven't seen my neighbour, Madame Panard, today? No? She isn't well[5], you know. Presently I'll go and see[6] how she is.'[5]

1 daily help, *la femme de ménage*.   2 pleased to (do), *content de (faire)*.   3 §35, p. 162.   4 §6, p. 148.   5 he is well, *il va bien*.   6 to go and see, *aller voir*; §19, p. 155.

7 Perfect tense with *avoir* (See §7, p. 148)

(*a*) Use the perfect in translating these sentences:

(ouvrir)	I opened the windows.
(dormir)	We slept well.
(suivre)	They followed the crowd.
(lire)	I did not read the letter.
(boire)	Did you drink your coffee?
(croire)	We did not believe this story.
(vouloir)	They wanted to go out.
(courir)	I ran towards the bridge.
(recevoir)	She did not receive the money.

(*b*) Translate into French:

M. Tournaire, who has spent several days in[1] Paris, arrives home. He kisses his wife, who says to him[2]:

'You aren't too tired after the journey and all the work you have done?'

'No, I'm not very tired, but I'm glad to get home.'

'In Paris you didn't see anybody[3] you know?'

'Yes[4]. At the station I met Dutain and naturally we made the journey together. We found an empty compartment, so we travelled in pleasant conditions. We chatted for[5] some time, then we read our newspapers, and I even think we slept a little.'

'Well, what did Dutain tell[6] you?'

'He told me that his wife has had flu[7], but that she is better.

He told me, too, that he has bought a new car.'

'Do you intend[8] buying a new car this year?'

'No, we shall keep our old Renault[9]. I think I shall buy a new car next year.'

1 *à*. 2 §35, p. 162. 3 not ... anybody, *ne ... personne*; §6. 4 After a negative question, yes = *si*. 5 *pendant*. 6 Use *raconter*. 7 *la grippe*. 8 to intend (doing), *avoir l'intention de* (*faire*). 9 Feminine; one says *une Renault, une Peugeot.*

8 Perfect tense

Agreement of the past participle with a preceding direct object (see § 7, p. 148).

(*a*) Translate into French:
1 Have you found your key?—Yes, I have found it.
2 Has he received my letter?—Yes, he has received it.
3 Did she see her parents?—Yes, she saw them.
4 Have you brought the newspapers?—Yes, I have brought them.
5 Have you closed the windows?—No, I haven't closed them.
6 Where are the flowers which you bought?
7 What is this story he has told?

(*b*) Translate into French:

MME DUBOIS: Yes, there are lots of people in town this morning. By the way, have you seen Madame Priollet?

MME BARDAU: No, I haven't seen her[1], but I saw her husband a few minutes ago. I suppose you are going back to the village with them?[2]

MME DUBOIS: Yes. They have been very nice to me[3]. This morning they brought all my apples to market in their car.

MME BARDAU: And did you sell your apples?

MME DUBOIS: Yes, I have sold them[1] at a good price.

MME BARDAU: When did you pick[4] them?

MME DUBOIS: I picked them[1] yesterday. I didn't want to leave them on the trees because there are boys who come into my orchard to steal them.

MME BARDAU: Who are these boys? Did you recognize them[1]?

MME DUBOIS: No, I didn't recognize them[1]. I called them[1], but they disappeared.

MME BARDAU: The scamps!

1 §7, p. 148.   2 §39(a), p. 163.   3 *pour moi*.   4 to pick, *cueillir*, past participle *cueilli*.

9 Perfect tense with *être*

See § 8, p. 149

(*a*) Translate into French:

(aller)	We went.	(entrer)	They have gone in.
(venir)	She came to Paris.	(rentrer)	We came home.
(revenir)	They have come back.	(descendre)	They came down.
(arriver)	We arrived.	(monter)	We went up.
(partir)	She has gone.	(rester)	They stayed here.
(sortir)	We went out.	(retourner)	She has gone back.

(*b*) Translate into French:

M. PLON: Well, my boy, what have you[1] done this afternoon?

MARCEL: I went out with several friends.

M. PLON: Where did you[2] go?

MARCEL: We went on our bikes[3] to Viviers.

M. PLON: At what time did you start off?

MARCEL: Between half past one and two.

M. PLON: When did you arrive home?

MARCEL: We came back about six, but I didn't come home at once, I went to Claude's house[4]. He showed me his wonderful collection of stamps. He has a few stamps which are very rare.

M. PLON: You haven't told me what[5] you did at Viviers.

MARCEL: Well, first we walked through the woods, then we went down to[6] the stream. We saw several nice fish, but Claude threw a pebble into the water and of course all the fish went off.

1 *tu*. 2 *vous* (plural). 3 on our bikes, *à bicyclette*. 4 Use *chez*. 5 *ce que*; §41, p. 164. 6 Use *jusqu'à*, as far as.

10 Perfect tense of reflexive verbs

See § 9, p. 149

(a) Translate into French:

(se coucher)	I went to bed late.
(se lever)	We got up early.
(se reposer)	They rested a few minutes.
(s'arrêter)	The car stopped.
(se baigner)	We have bathed.
(s'asseoir)	She sat in the sun.
(s'excuser)	They have apologized.

(b) Translate into French:

'Well, Madame Potier,' says her neighbour, Madame Gambe, 'you have spent a pleasant day[1] ?'

'Yes,' replies Madame Potier, 'very pleasant, thank you. I have done little work today, I have rested. I woke up early this morning, but I didn't get up at once, because I haven't much to[2] do. After lunch, as the weather is warm, I sat down on a chair in front of my door and I looked at the newspaper. Then, at about three o'clock, my nephew Roger arrived[3] in his car. I went[3] with him[4] to Beaugency, where he saw several clients. What did I do? Well, I stayed[3] in the car. Before starting off again we went to have[5] a coffee. We came back[3] here at five o'clock. This evening, to[6] end the day, I shall watch television. I think there are some[7] good programmes.'

1 Use *la journée*. 2 *à*; §24(b), p. 158. 3 *arriver; aller, rester, revenir* are conjugated with *être*. 4 §39(a), p. 163. 5 Use *prendre*. 6 *pour* 7 *de* or *des*? §27(c), p. 159.

11 Imperfect tense (See §10, p. 150)

(*a*) Change to the imperfect:

je passe	elle écrit	elles voient	ils veulent
il entend	je mets	il lit	je dois
tu finis	il prend	je bois	il vient
nous avons	elle dort	tu crois	vous savez
vous êtes	il sait	je vais	je sors
ils font	vous dites	elle peut	ils connaissent

Translate into French:
I was waiting for the postman.
We often used to see him.
They used to walk in the park.
Every day he did the same things.

(*b*) Translate into French:
We used to spend our holidays at the house of¹ my aunt and uncle, who lived² near a little town.

I remember that in the morning we seldom went² for long walks³. My cousins and I⁴ used to go out together. Often we went² to the park, where we met² other boys whom we knew². We played⁵ all sorts of games. If somebody had² a ball we played² football on the grass.

However, in the afternoon, when the weather was fine, the two families used to go for a long ramble. We took⁶ lots of cakes and all the things necessary for making tea⁷.

When we came to a quiet spot, we used to light a fire⁸ with bits of dry wood, and my father or my uncle made the tea, which was always excellent.

1 Use *chez*. 2 Imperfect. 3 §27(c), p. 159. 4 *moi*; §39(c), p. 163.
5 *jouer à*. 6 Use *emporter*. 7 'some tea'. 8 to light a fire, *allumer du feu*.

12 Imperfect tense (See §10, p. 150)

a) Translate into French:
They had a nice car.
In front of the house there was a big tree.
In winter it was very cold.
I thought you were ill.
We knew that he was in France.

b) Translate into French:
When I was going home I often walked through a little public garden. In summer there were always a lot of people in this garden, mostly[1] women and children. The women sat[2] on the benches and gossiped; the children ran about[3] on the grass or played with pebbles which they picked up on the paths.

In spring, especially when the weather was chilly[4], there were few people in the garden. When I was walking through it at that time[5] of the year I used to hear a sound which for[6] a long time I did not recognize[7]. Then, one day, I realized[7] that this sound came from the frogs in the pond.

In winter, however, the garden was quite deserted. The trees no longer[8] had any leaves[9], their bare branches were black. Nobody[8] sat on the benches. It was sad.

1 *pour la plupart*.   2 §5, p. 147.   3 to run about, *courir*.   4 the weather is chilly, *il fait frais*.   5 Either *cette époque* or *ce moment*.   6 *pendant*. 7 Perfect tense.   8 §6, p. 148.   9 §27(b), p. 159.

13 Past historic tense (See §11, p. 150)

a) Change from the present to the past historic:

je regarde	ils disent	je sors
il laisse	elle voit	il s'assied
ils décident	je mets	ils courent
je vais	nous prenons	elle lit
il attend	elle écrit	ils reçoivent
nous descendons	j'ouvre	il paraît

ils finissent	elle dort	je viens
je fais	ils partent	ils reviennent

(*b*) Translate into French:

The young man picked up the suitcases and said to Fauconnet:

'Come with me[1], sir. I will show you your room.'

He went up the stairs, Fauconnet followed him. When they reached the second floor the waiter stopped, took a key from[2] his pocket and opened a door. They went into the room. The young man put down the cases, opened the curtains and said to Fauconnet:

'You will be comfortable[3] here, sir. Ring, if you need anything.'

Fauconnet thanked him and gave him a tip. The waiter went out and closed the door behind him[1]. Fauconnet was tired, so he sat down, lit his pipe and looked out of[4] the window.

After a few minutes he decided to[5] go for a stroll. As he was locking his door, he saw a man and a woman come out[6] of another room. He recognized them at once.

'I wonder what[7] they are doing here,' he said to himself[8].

1 §39(a), p. 163. 2 *dans*. 3 *bien*, e.g. *nous sommes bien ici*. 4 to look out of, *regarder par*. 5 to decide to (do), *décider de (faire)*. 6 Infinitive, e.g. *je les vois entrer*. 7 §41, p. 164. 8 Invert, e.g. *Oui, dit-il*; §11(b), p. 151.

14 Past historic tense (See §11, p. 150)

(*a*) Translate into French, using the past historic:

1 I stayed at home.	8 He slept well.
2 They went in.	9 They made a hole.
3 We heard cries.	10 He read this letter.
4 He replied.	11 They put on their shoes.
5 She opened the door.	12 We took our books.
6 He went to Toulouse.	13 I understood.
7 She recognized me.	14 They followed this road.

15 At last he came back. 17 She went out.
16 We saw a garage. 18 They left the next day.

(*b*) Translate into French:
That evening[1] Malet dined with the doctor. After the meal they sat down in their armchairs and smoked a cigar.

'Are you often troubled in[2] the evening and during the night?' asked Malet.

'That[3] often happens,' said the doctor. 'Last night, for example, a patient telephoned[4] at nine o'clock. Sometimes I have to[5] get up and go out in the middle of the night.'

'Well, I hope you won't have to[6] go out this evening!' said Malet.

'One never knows,' the doctor replied.

A few minutes later there was a knock[7] at the door.

'What was I telling you!' said the doctor. He got up, went out of the room and opened the front door. Malet heard him talking[8] to somebody. When he came back he said:

'I apologize. I have to go out for[9] half an hour.'

1 §53, p. 169. 2 Do not translate 'in'. 3 *cela*. 4 Perfect tense in speech. 5 Use *devoir* 6 Use *devoir (faire)* or *être obligé de (faire)*. 7 Say 'one knocked at the door'. 8 'who was talking'. 9 *pour*.

15 Pluperfect tense (See §12, p. 151)

(*a*) Translate into French:

(*avoir* verbs)	(*être* verbs)	(reflexive verbs)
I had seen	he had gone	he had got up
she had heard	I had stayed	I had stopped
you had taken	she had gone out	we had bathed
he had opened	you had entered	they had gone to bed
we had understood	we had come down	she had sat down
they had put	they had departed	you had gone to sleep

(*b*) Translate into French:
Borey sat down[1] on his bed and reflected. Had he wasted his day[2]? After all, what had he done?

He had got up late. He had dressed and had gone out into the town to eat several croissants and to drink a cup of coffee. Then he had returned to his room to work. He had worked for two hours, then, as the weather was fine, he had gone out again. In the main street he had met Maigron and they had gone together to a café. They had stayed there[3] an hour. Then Maigron had gone off and Borey had gone to have lunch in a little restaurant. After his meal he had met Saland on the square.

'It's too hot to[4] work,' Saland had said[5], 'let's go[6] to La Cassette.' They had gone to La Cassette and had spent the whole afternoon there[3].

'Yes, it's true,' Borey told himself[5], 'today I have been really lazy.'

---

1 Past historic.   2 Use *la journée.*   3 §36(a), p. 162.   4 *pour*; §25, p. 158.
5 Inversion; §11(b), p. 151.   6 §2, p. 146.

16 Conditional tense (See §14, p. 152)

a) Change from the future to the conditional tense:

il sera	vous irez	vous devez	il viendra
nous aurons	tu feras	nous pourrons	vous recevrez
ils sauront	il verra	tu voudras	ils reviendront

Translate into French:

I should stay.   He would be able.
He would hear.   You would do.
We should go.   She would know.

b) Translate into French:
'If we were[1] wealthy,' Mme Plessis was saying, 'I should not spend the whole winter here, I should go to a warmer[2] country.'

'Well,' asked Mme Civier, 'where would you go?'

'I think I should like to[3] go to[4] the South of France.'

'Yes, they[5] say that it is a beautiful area. But, you know, the weather isn't always fine in the South. We have some friends who went[6] there[7] in April[8] and they told us that, for five or six days, the weather was awful; it was cold[9], it rained, it was windy.'

'Obviously the weather is sometimes bad,' went on Mme Plessis, 'but generally it is warm, one can sit in the sun.'

'If I had plenty of money,' said Mme Civier, 'I should often go abroad. I should like to go to Italy, where I should see all the ancient cities and lots of fine pictures. It's a wonderful country.'

1 Imperfect; §17, p. 154. 2 §31, p. 161. 3 Use *vouloir*. 4 *dans*. 5 Use *on*. 6 Perfect tense in speech. 7 §36(a). p. 162. 8 in February, *en février* or *au mois de février*. 9 §54, p. 169.

17

Mourot, my French friend, and I[1] went into[2] the inn, where we met the Colonel, to whom[3] I introduced Mourot. The Colonel had led a strange life. He had spent a large part of his childhood in Italy. In Florence[4], where his parents lived, he had gone to[5] a French school, so he had learned French and Italian, which he had never forgotten[6].

The landlord of the inn had worked for years in a big London hotel[7] and he had learnt French, to be able to talk to foreigners. The Colonel began to speak French with Mourot; the landlord and I began to speak French: everybody was speaking French!

Then the door opened[8] and Jean-Louis, the onion seller, came in. Every year, in the autumn, he left Brittany to come and sell[9] his onions in our town. He was pleased to chat with people who knew his language. It was amusing to[10] think that we were in an English inn where everybody was speaking French!

1 Pronoun? §39(c), p. 163. 2 You could use either the perfect or the past historic. 3 §34, p. 161. 4 §56, p. 170. 5 to go to a school, *fréquenter une école*. 6 Agreement of past participle? §7, p. 148. 7 'hotel of London'. 8 the door opens, *la porte s'ouvre*. 9 to come and (do), *venir (faire)*; §19, p. 155. 10 *de*.

18

Boivin, who had just[1] had lunch, was strolling on the square when he heard someone say[2]: 'Well then, my dear Boivin, you aren't in a hurry!'

Boivin looked round[3]: it was his old friend Tissier, whom he saw in town from time to time.

'It's true that I'm not in a hurry,' he said to Tissier, 'I have just[4] had lunch. After eating[5] I don't go back to my office at once; I never go back there before two o'clock; I rest, I do nothing[6] for half an hour.'

'You are right,' said Tissier. 'One must not work immediately after a meal, it's very bad . . . Here's a bench, let's sit down[7] for a few minutes.'

They sat down on the bench. Tissier drew from his pocket a packet of cigarettes, which he held out to Boivin:

'Will you[8] smoke a cigarette?' he said.

'No, thanks,' Boivin replied, 'I don't smoke any more[6].'

'Really[1] . . . But, tell me[9], have you any matches?'

'No, I haven't any[10]. Now that I don't smoke, I don't carry any[10] on me.'

Tissier slipped the packet of cigarettes into his pocket.

1 §12(c), p. 151. 2 'who was saying'. 3 Past historic. 4 §7(c), p. 149.
5 'after having eaten'; §25, p. 158. 6 §6, p. 147. 7 §4, p. 147. 8 will you (do), *voulez-vous (faire)*? 9 §38, p. 163. 10 §36(b), p. 162.

19

'Where are you[1] going, Suzanne?' Mme Dorval asked her daughter, who was putting on her hat and coat.

'I am going to Marie's[2].'

'How long are you going to stay there?'

'I don't know, but I shall be coming back before dinner time[3].'

'Good, but don't be[4] late.'

Suzanne went out and closed the door behind her. A

moment later Madame Dorval looked out of the window and saw her daughter walking[5] along the street. She also noticed a car going by[6]. This car stopped, a man got out and said something to Suzanne.

'Who is that man? I wonder what[7] he wants,' thought Madame Dorval.

But Suzanne stopped only for a moment, then she walked on[8].

That evening Mme Dorval asked her what[7] the man had said to her.

'Oh,' said Suzanne, 'he said[9] he wanted to go to the Town Hall. He invited[10] me to get in the car with him to show him the way. Of course I refused and he went off.'

1 Use *tu*. 2 Use *chez*. 3 *l'heure du dîner*. 4 Imperative of *être*? §2, p. 146. 5 'who was walking'. 6 'which was passing'. 7 §41, p. 164. 8 Use the phrase *continuer son chemin*. 9 Pefect tense in speech. 10 Agreement of past participle? §7, p. 148.

20

The previous day, Chauliat and his wife had arrived at Poubec, a fishing port where they had bought a little house.

After breakfast Mme Chauliat said to her husband: 'It's Friday today. For lunch I think we will have fish. You will be able to buy some[1] on the quay; it's probably cheaper than in the shops.'

At about eleven o'clock Chauliat went down to the harbour. He was walking on the quay when he saw a man sitting on a big box. He went up to him[2] and said:

'Excuse me, have you any fish to[3] sell?'

'Oh yes,' replied the man, 'I've got plenty[4]. How much do you want? Two tons? Three tons?'

'Ah, no!' Chauliat said, laughing[5], 'I want only three or four small fish for lunch.'

'That's different,' said the merchant. 'Here's one of our fishermen . . . Hey, Jules, come here a moment . . . This gentleman wants a few small fish; give him[6] half a dozen.'

Chauliat pulled a newspaper from his pocket, and the fisherman placed on it[7] six nice fish.

'Oh, thank you very much!' said Chauliat, smiling[5].

1 §36(b), p. 162. 2 Cp. *elle s'approche de moi*. 3 *à*. 4 Add 'of it'; §36(b), p. 162. 5 §16(b), p. 154. 6 Position of pronoun? §38, p. 163. 7 on it = *y*.

21

It was Saturday evening. When Louis was about to[1] leave us he said[2]:

'Will you come and play[3] tennis at our house tomorrow morning?'

'I should like to play,' I replied, 'but I haven't a[4] racquet.'

'That doesn't matter,' said Louis, 'I shall be able to lend you one[5].'

John and I looked at each other[6] for a moment, then I said: 'Very well. When do you want to play?'

'Listen,' said Louis, 'the weather is so hot that we play early in the morning. Can you come at eight o'clock?'

The next morning John and I arrived at Louis' house a little after eight. It was already very warm. We went out together into the garden where the court was[7]. I remember that, near the net, there was a snake which, when we approached, slid into a hole in the wall and disappeared.

We played for an hour, then we went back into the house, where Louis' mother had prepared hot coffee and rolls. The whole family was there[8]; everybody was gay. There were even bottles of wine on the table, but I didn't want to drink any wine[9] at that hour.

The French are always charming to[10] their visitors.

1 §21, p. 157. 2 You could use either the past historic or the perfect. 3 §19, p. 155. 4 §27(b), p. 159. 5 Add 'of them'; §36(b), p. 162. 6 Express by the reflexive; §3, p. 147. 7 Use *se trouver*. 8 §36(a), p. 162. 9 not . . . any, §27(b), p. 159 10 *pour*.

22

Ducasse and Rolland were sitting[1] in front of the Café de l'Europe.

'So you are leaving on[2] July 16th?' said Ducasse. 'Are you going to the Dordogne, as last year?'

'Oh yes,' Rolland replied, 'we are going there again this summer. The camping site is excellent; we have a good time[3]. Why don't you try camping?'

'I should like to do so[4], but, you know, my wife hesitates. She says she prefers the hotel because she isn't obliged to cook.' •

'But, my dear Ducasse, in modern camping sites there is everything to make[5] life pleasant! There are even restaurants for those[6] who don't want to prepare their own meals. Besides, if you don't want to eat in the camp, you can always go out into the country and find an old inn where you can have[7] a good meal.'

'That's what[8] I should like to do. Every year we go to Brittany. We know that area well, we have done all the trips; for me there is nothing new[9]. I should like to go to the Dordogne; I know it's a lovely district. I'm sure my children would be delighted to go there.'

'Good! If you wanted[10] to accompany us, we should be very pleased.'

1 §5, p. 147.   2 §52, p. 169.   3 to have a good time, *s'amuser bien*.   4 'to do it'. Use *rendre*.   6 Pronoun? §45(b), p. 165.   7 Use *faire*. 8 *C'est ce que* . . .   9 *de* required; §6, p. 147.   10 Tense? §17, p. 154.

23

The tallest[1] of the boys said: 'Where shall we go? What shall we do? . . . I know, let's go and pick[2] some nuts.'

They started off, and little Jacques[3] followed them. They went across several meadows, they looked for nuts, but they didn't find any[4]. They went on. But now Jacques was beginning to be afraid; he no longer knew where he was; he wanted to go home. So, all alone, he retraced his steps[5]. In one of the meadows he saw some cows advancing[6] towards him. Obviously they had just[7] come out of the farm-yard. Jacques was afraid of cows, he durst not go on, so he looked for another way. At last he saw some houses which he recognized and soon arrived home.

His mother said to him: 'Well, Jacques, where have you been? What have you been doing[8]?'

'I was with some boys who were going to pick nuts,' he told her, 'so I followed[9] them, but they went too far, so I came back. There were some cows in a field and I was afraid of them[4].'

'What!' exclaimed his mother, 'you're afraid of cows! Have[10] courage, my boy, don't be afraid of cows.'

1 §32, p. 161. 2 §19, p. 155. 3 Article required, e.g. *le vieux Charles*. 4 §36(b), p. 162. 5 to retrace one's steps, *rebrousser chemin*. 6 'which were advancing'. 7 §12(c), p. 151. 8 Just the ordinary perfect; §7(b), p. 148. 9 Perfect tense; agreement of past participle? 10 Imperative of *avoir*? §2, p. 146.

24

Young Petit was working quietly in his office when suddenly the door opened, a man came in and said to him: 'I want to see M. Calot at once.'

'I'm sorry,' Petit said to him, 'but you can't see him for the moment; he is in his office with an important customer. I can't disturb him; you will be able to see him as soon as he is[1] free. Will you sit down[2], please?'

A few minutes later the boss's door opened, voices were heard[3], the important customer left. Petit got up and went into Calot's office.

'What's the matter, Petit?' asked the boss. 'Do you want something?'

'Sir,' said Petit, 'there's a man in my office who wants to

speak to you. When he arrived[4] he wanted to see you at once, but I told him you were busy and that he could[5] see you when you were[6] free; I asked him to[7] wait.'

'What's his name?' asked Calot. 'Do I know him[8]?'

'I have never seen him before[9].'

'Well, I suppose I must see him. Bring him in.'

Petit went back to his office. A moment later he returned, saying[10]: 'It's curious, sir, the man is no longer there, he has disappeared!'

1 Really means 'will be'; §13(b), p. 152. 2 §3, p. 147. 3 Express as 'one heard voices'. 4 Perfect tense in speech. 5 Tense of *pouvoir?* §20(b), p. 156. 6 Real meaning is 'would be'. 7 Construction? §22, p. 157. 8 Form of question? §1, p. 146. 9 You need not translate 'before'. 10 §16(b), p. 153.

25

Dupeu looked around him to assure himself that nobody[1] was listening, then he said to Perret: 'My friend, I have something to[2] tell you. You don't know what[3] is going on.'

'Well, what[4] is happening? I hope it's nothing[5] serious.'

Dupeu looked around him once more, then he said: 'We have an English airman at our house.'

'What, an English airman! It's dangerous, you know.'

'We know it's dangerous, but what can one do when it is a question of[6] helping a young man in danger?'

'How long has he been[7] at your house?'

'For three days. Last week we learned that some relatives who live at Pontoise had hidden this airman in their house. You know what[3] happens. People send the airmen from place to place, always toward the South, so that[8] they finally reach the frontier.'

'I understand. But tell me, how did you bring this airman from Pontoise to Sceaux?'

'Well, it wasn't too difficult. My daughter, who speaks English, went to Pontoise and she came back with the

Englishman by train. People[9] don't notice a young man and a girl travelling[10] together.'

1 §6, p. 148. 2 *à*; §24(b), p. 158. 3 §41, p. 164. 4 §34, p. 162. 5 *de* required; §6, p. 147. 6 it is a question of (doing), *il s'agit de (faire)*. 7 Tense? §18, p. 155. 8 *de sorte que.* 9 Use *on*. 10 'who are travelling'.

26

Jave was the smallest boy in[1] the class. Because of that the other pupils sometimes played tricks on him.

One day, at two o'clock, the bell had just[2] rung and all the boys had gone back to their classes. In our room we were sitting at our desks. The master had not yet arrived. We were talking and laughing and we were making plenty of noise.

I must tell you that in each classroom there was a fairly large box into which[3] we threw old papers.

Well, while we were waiting for the master, somebody shouted: 'Let's put Jave in the box!'

Two big boys seized little Jave[4], pushed him into the box so that[5] he couldn't move, then they lifted up the box and placed it on the master's table.

Suddenly the door opened and the master appeared. He wasn't[6] a stern man. He took two paces into the room, then he stopped and looked at Jave in the box.

'What do I see there?' he said. 'It's funny, isn't it[7]? Who has put you in that ridiculous position, my boy?'

Jave turned his head[8], smiled and said: 'I don't know, sir.'

1 §32, p. 161. 2 §12(c), p. 151. 3 Pronoun? §40, p. 164. 4 Article required, e.g. *le pauvre Jean.* 5 *de sorte que.* 6 §43, p. 165. 7 §6, p. 148. 8 §29(a), p. 160.

27

'Tomorrow,' said Jean, 'Charles and I[1] are going to Pontdore, where the fishing is good, but of course you[2] have to know the good places. Do you want to go with us?'

'When are you starting off?' asked Denis.

'At about nine o'clock. We shall get to Pontdore about half past ten and we shall stay there all day.'

'Unfortunately Paul and I[1] won't be able to go in the morning,' said Denis, 'but if we came[3] in the afternoon, where should we find you?'

'Well, you know the bridge? We should be near the bridge; you would see us.'

So, the next day, after lunch, Denis and Paul set off for Pontdore. When they reached the village, they went down to the bridge, but there was nobody there. They stayed near the bridge all the afternoon without catching[4] a single fish.

They were about to[5] leave when Jean and Charles arrived. They had caught a few nice fish.

'You told us that you would be near the bridge!' said Denis, furious.

'Yes,' replied Jean, 'but I told you that in the afternoon we should go up[6] the river, and that's what[7] we did.'

1 §39(c), p. 163.   2 Use *on*.   3 Tense? §17, p. 154.   4 Infinitive.
5 §21, p. 157.   6 The verb to use is *remonter*.   7 *c'est ce que . . .*

28

Delgal was about to get into his car when a girl of about twenty[1] came up and said to him: 'Excuse me, monsieur, may I[2] ask you if you are going to Saint-Brieuc?'

'Yes,' replied Delgal, 'do you want to go there?'

'Yes, monsieur,' she said. 'Allow me to[3] explain to you what[4] has happened. My mother, who lives at Saint-Brieuc is very ill; I must go and see her. I have no car[5]; it isn't possible[6] to go there by bus[7] this evening, the last has just left. Will you allow me to³ accompany you?'

'With pleasure,' said Delgal, smiling⁸. He opened the door, the girl got in, they set off. On, the way the girl laughed and talked a great deal. Obviously she had forgotten her sick mother!

When they were approaching Saint-Brieuc, Delgal asked the girl: 'Where do you want to get out? If you like, I will drive you to your mother's house.'

'Oh no,' she answered, 'I'll get out on the square.'

They arrived on the square. As soon as the car stopped the girl opened the door, got out and, without thanking⁹ Delgal, she ran towards a young man who was waiting on the pavement.

1 'twenty years'. 2 may I? *puis-je?* 3 Construction? §22, p. 157. 4 §41, p. 164. 5 §27(b), p. 159. 6 §44, p. 165. 7 *en autocar.* 8 §16(b), p. 154. 9 Infinitive.

29

I was in the train, going to Paris. We had just¹ passed through Amiens when I heard a voice: 'Ladies and gentlemen, your passports, please.'

A minute later the man appeared in the corridor. I recognized him immediately, but I did not want to speak to him; I had my reasons. So I drew my passport from my pocket and held it out without looking up. The man examined all the passports, went out and reclosed the door. He had not noticed who I was.

He had been our guide when we were at Saint-Malo. It was² not necessary to have a guide, since³ I knew⁴ the area well; however, he was there. At first we found him fairly pleasant, but after⁵ two or three days it was² clear that he had only⁶ one idea: to make money. He used to propose all sorts of excursions, but he always wanted to buy the tickets himself⁷. It was obvious² that, for a group, he obtained reductions. And then, when we made a trip, he always lunched with us, but of course he paid nothing. We didn't like him and he knew it.

When he left we gave him only[6] a modest tip. He was furious. I thought he was going to say rude things!

1 §12(c), p. 151.   2 *il était* or *c'était?* §44, p. 165.   3 *puisque.*   4 Tense? §10(c), p. 150.   5 Use *au bout de.*   6 Use *ne . . . que*; §6, p. 148.   7 Pronoun? §39(e), p. 164.

30

This happened[1] last week. Denise and Philippe had been spending[2] a few days at our house and they were about to leave when Denise said: 'Where is Tammy? I haven't seen[3] her this morning?'

Tammy was their cat[4]. She was[5] a very pretty creature and we were very fond of her.

Denise thought for a moment, then she said: 'Oh, now I remember. Last night I let Tammy out[6]. When we went to bed I forgot[3] her. She must have[7] stayed out all night, but I'm sure she will come back.'

But Tammy didn't come back. Finally Denise said to Philippe: 'We ought[7] to begin to look for her. Let us go round the garden. She has perhaps climbed up a tree and can't get down.'

They searched everywhere, but they didn't find[3] her. Denise was very worried. She said: 'I hope she hasn't been hurt[8] or killed.'

Denise went out alone and walked towards the road which passes a hundred yards[9] from the house. Soon she came back. She had been crying[2].

'Did you find[3] her?' asked Philippe.

'Yes, I found[3] her. She is dead. She has been run over[8] by a car.'

1 In this piece use the perfect tense, not the past historic.   2 Ordinary pluperfect.   3 Agreement of past participle? §7, p. 148.   4 *la chatte.* 5 *elle était* or *c'était?* §43, p. 165.   6 to let out, *laisser sortir.*   7 Tense of *devoir?* §20(c), p. 156.   8 §15, p. 153.   9 'at 100 metres'.

Mme Aubin was to[1] see her dentist at eleven o'clock. Having twenty minutes to[2] wait, she went and sat down on a bench in a public garden which was opposite.

She had been[3] there for three or four minutes when a young woman accompanied by[4] a small boy came and sat beside her. They began to chat. Mme Aubin noticed that the young woman turned round from time to time as though she were expecting someone.

Suddenly she got up, saying: 'Ah, there he is[5]!' A car had stopped in the road, a man had got out and was standing on the pavement. The young woman said to Mme Aubin: 'Could[6] you keep my boy for a few minutes? I have to speak to someone.'

Mme Aubin was[7] surprised to see the woman go off[8] in the car with the man. She waited a long time, but she would not[9] leave the child. A little after twelve the woman came back. She said: 'I apologize, I have been detained. My friend was too busy to come back here, so he told me to[10] take a taxi, but taxis are scarce in this district.'

So Mme Aubin went home without having[8] seen her dentist.

1 Tense of *devoir?* §20(c), p. 156.   2 *à*; §24(b), p. 158.   3 Tense? §18, p. 155.   4 *de*; §15, p. 153.   5 §35, p. 162.   6 §20(b), p. 156.   7 Past historic; §15, p. 153.   8 Infinitive.   9 Means 'was not willing'; use *voulour*.   10 Construction? §22, p. 157.

32

In his letter Michel had said: 'Our house is in the middle of the country, three kilometres[1] from Argences. When you reach[2] Argences you have only to[3] telephone and we will come for[4] you.'

When Tom arrived in the little town he went into a café and said to the girl who was serving; 'Do you know M. Hamel?'

'We know him very well,' she replied. 'He is[5] our mayor; he lives at the château. Do you wish to telephone? I will give you the number.'

Tom telephoned. M. Hamel himself[6] replied.

'Ah, it's you, Tom!' he said. 'We were expecting you. I suppose you have just reached Argences? As you don't know the way, stay where you are. In a few minutes Michel will come in our car and you can[7] follow him.'

Soon Michel arrived. The two boys chatted a little, then Michel said: 'Will[8] you follow me? It isn't far.'

After a short distance Michel left the main road and took a little road on the right. Soon they reached the château. As they were getting out of their cars, the big door opened and M. and Mme Hamel came out to receive their visitor.

---

1 'at 3 kilometres'.   2 Tense? §13(b), p. 152.   3 Cp. *nous n'avons qu'à attendre*.   4 to come for, *venir chercher*.   5 *Il est* or *c'est*? §43, p. 165.
6 Pronoun? §39(e), p. 164.   7 Means 'will be able'.   8 Use *vouloir*.

33

I was going to buy a new car and I wanted to sell my old Peugeot[1], so I put[2] an advertisement in the paper.

At ten o'clock the next morning a man telephoned me.

'I should like to buy the car,' he explained, 'but I don't leave my office before half past five. If I came[3] at six o'clock, would you still have the car?'

'Well, I don't know,' I answered. 'If somebody came before you and wanted to buy it, naturally I should sell it.'

At about eleven o'clock there was a knock[4] at the door. Two men had come to see me about the Peugeot. One of them[5] said to me: 'Good morning, sir, I believe you have a car for sale?'

'It's true, I said, 'come and see it.'

We went into the garage, the dealers examined the Peugeot.

'How much are you asking?' said the one who[6] had already spoken.

I told him the price. After reflecting[7] a few seconds, he said: 'Very well, we'll buy it.'

They paid and went off in my old car.

At six in the evening, the other man came, the one who[6] had telephoned. I told him that I had sold the car before midday. He was very disappointed.

1 Feminine; one says *une Peugeot*.   2 Perfect tense in accounts of recent happenings.   3 Tense? §17, p. 154.   4 'one knocked at the door'.   5 *l'un d'eux*.   6 Pronoun? §45(b), p. 165.   7 §25, p. 158.

34

It was a quiet spot. On[1] one side of the road there was a pond; on the other side there were woods.

'Etienne,' said his mother, 'your father and I are going to walk a little. Wait for us[2], stay in the car.'

'What's the matter?' thought Etienne. 'Why do they look so miserable? I wonder what's happened.'

After a quarter of an hour the parents came back. Etienne looked at his mother and saw that she had been crying[3].

They went home. The father stayed outside. Through the window Etienne saw him walking[4] alone in the garden.

'Mother,' asked the boy, 'why are you both so sad?'

'Well, my son, I must tell you that your father has lost his job. This morning he went to his work as usual and found the doors locked. He found out that business had been going[5] badly for some months, that the boss had no more[6] money and could not go on.'

'And the boss had told him nothing[7]?'

'Not a word. If your father had known that things were going badly, he would have looked for[8] another job.'

1 One says *d'un côté*.   2 Position of pronoun? §38, p. 163.   3 Just the ordinary pluperfect.   4 'who was walking'.   5 Tense? §18, p. 155.   6 §27(b), p. 159.   7 Place *rien* before the past participle.   8 §14(b), p. 152.

35

A Swedish[1] family had rented a villa not far from ours[2]. There were two young boys who had quickly become the friends of our sons. Every day all four[3] bathed in the sea and played together on the beach.

One morning the young Swedes did not come. Our sons were disappointed. At last Robert said to me: 'I wonder why they haven't come today. Will you go with us to their villa to ask them if they will be coming[4]?'

'Very well,' I said, 'let's go there[5].'

I knew that the Swedes had the ground floor of the villa; the first floor was occupied by Mme Roméo, our cook. She was[6] an Italian and she spoke French very badly.

Hearing me knock[7] at the door, Mme Roméo came out to see who was there. I told her why we had come. She said: 'The father and the boys have gone out in the car, but I'm sure the mother is there.'

At that moment the door opened and I saw before me a tall blond woman. I began to speak to her in French, but she didn't understand. Then I spoke to her in English and still[8] she didn't understand a word of what I was saying. Then she asked me a question. She said: 'Sprechen Sie deutsch?' (Do you speak German?) I didn't speak German!

1 a Swede, *un Suédois*; Swedish, *suédois*. 2 Pronoun? §47, p. 166. 3 'all the four'. 4 'if they are going to come'. 5 Position of *y*? §38, p. 163. 6 *elle était* or *c'était?* §43, p. 165. 7 Infinitive. 8 Place *toujours* before *pas*.

36

Day after day the noise of the battle was becoming louder. At night it was[1] impossible to sleep. Then, one morning, some German soldiers arrived in a truck and went round the village, telling all the inhabitants to[2] get away as soon as possible.

'This village,' they told[3] them, 'will soon be in the middle of the battle. If you have relations in the country, go there. If you haven't any[4], go and camp in the woods, it will be less dangerous. Besides, we shall need the houses for our men.' Most of the people left, but a few[5] stayed.

Our friends did not leave their château, which was some distance[6] from the village. However, on[7] July 23rd, several German officers arrived and told M. Hamel that they were going to occupy the château, so the Hamels[8] went to live in their farm which was quite near.

'Did the Germans trouble you?' I asked M. Hamel one day.

'Not at all. Some[5] were fairly pleasant. All the same it was awful. They didn't stay long. Before leaving they burnt everything[9] they couldn't carry. Several days later our friends the English arrived. They, too[10], occupied the château, but it wasn't the same thing. When they left they gave us all that[9] they didn't want to take away.'

1 *il étair* or *c'était?* §44, p. 165.   2 Construction? §22, p. 157.   3 Imperfect.   4 §36(b), p. 162.   5 Pronoun? §48, p. 166.   6 'at some distance'.   7 Do not translate 'on'.   8 *les Hamel*; no *s* on family names.   9 §41, p. 164.   10   39(c), p. 163.

37

Mme Chardin was admiring the chairs.

'They are[1] beautiful chairs, aren't they?' she said. 'How long have you had[2] them?'

'For five or six years,' answered Mme Thomas.

'Where did you buy them[3]?'

'Well, we bought them from[4] a lady we knew. Her name was Mme Lévy. She was a doctor's widow. After her husband's death she bought a smaller house and of course she sold a part of her furniture. We bought these chairs from her[4]. She was a charming woman, but she had great misfortunes in life. She had only one child, a son. At school this young man was a brilliant pupil and later he went to the University. When he was twenty-two he went to America. One day he had gone out with several friends. One of them[5] slipped and fell down[6] a precipice. It wasn't very high, but high enough to[7] be dangerous. Young Lévy tried to go down to help his friend, but he, too[8], fell and he was killed. His mother went at once to America, but she never came back; she died over there.'

1 §43, p. 165. 2 Tense? §18, p. 155. 3 Agreement of past participle? §7, p. 148. 4 to buy from, *acheter à*; §26(b), p. 158. 5 *l'un d'eux*. 6 *dans*. 7 §25, p. 158. 8 §39(c), p. 163.

38

That evening[1] Machut was a little sad. The next day he was going to leave his daughter to return to his village. He had been[2] in Paris for a few days and he had been happy. He had gone out a great deal with Denise. At home they had spent hours talking[3] of the people they had known[4] in the village.

The next morning he caught the ten o'clock train[5]. During the journey he wondered what he would do when he arrived[6] home. First he would go and get his dog which he had left at a neighbour's[7]. After that, living alone, he did not know what he would do.

At last he reached the village. While walking[8] along the street he met his old friend Poireau, who stopped to talk to him.

'Well then, André,' said Poireau, 'you've come back from the great city? How are you? And how is Denise? Let's see, how long has she been living[2] in Paris?'

'For three years,' answered Machut.

'Well, my poor André,' went on Poireau, 'you look sad, my friend! I understand that; you've just left your daughter. Listen; don't stay at home this evening; come to the café and we'll play cards[9] together.'

1 §53, p. 169. 2 Tense? §18, p. 155. 3 *à parler.* 4 Agreement of past participle? §7, p. 148. 5 'the train of ten o'clock'. 6 Means 'would arrive'. 7 Use *chez.* 8 §16(b), p. 154. 9 to play cards, *jouer aux cartes.*

39

'It's terrible,' my father was saying. 'Today, with the price of petrol, it's[1] no longer possible to keep two cars.'

'But I know plenty of families who have two[2]!' said my mother.

'Well,' went on father, 'I think we ought[3] to sell one of ours[4].'

'You mean, I suppose, that you are going to sell yours[4]?'

'Oh no, I think we shall have to sell yours[4].'

'I don't want to sell mine[4]! What should I do if I hadn't my car? How could[5] I go into town or go and see my mother?'

'You could[5] go there by bus. You could even hitch-hike[6].'

'What, at my age? Can you see me at the side of the road making ridiculous signs with my thumb? Besides, I thought you were going to buy me a new car?'

'Oh, that would.not be possible!'

'Well,' said Mother, 'I shall buy a new car myself!'

'But you haven't enough money.'

'How do you know that I haven't enough money?'

'It's[1] true that I never know how much money you have at the bank,' said Father with a smile[7].

1 *il est* or *c'est?* §44, p. 165. 2 *en* required; §36(b), p. 162. 3 Tense of *devoir?* §20(c), p. 156. 4 Pronoun? §47, p. 166. 5 Means 'would be able'; §20(b), p. 156. 6 to hitch-hike, *faire de l'auto-stop.* 7 §16(b), p. 154.

40

The weather was very hot. After walking[1] for two hours the young men were thirsty, so they were[2] glad to reach a village in the middle of which[3] there was a fountain. They sat down on the edge of this fountain and drank some very cold water.

Sitting there, they watched a workman who was repairing a cart. He had taken off one of the wheels and was trying to put it on again[4], but it was a difficult job because the wheel was heavy.

Just then the curé arrived. Without wasting a second he took off his cassock and helped the man to put on the wheel. Then, seeing the young men, he came up and shook hands[5] with them.

'What a beautiful day!' he said. 'I suppose you are going to walk in the mountains[6]? You are lucky; you are young and strong. When I was younger I used to walk a great deal, but now I can no longer go very far. However, I should have liked[7] to accompany you a little way[8], but I have people to see here.'

'Sir,' Jean said to him, 'a few kilometres from here there is a village, La Vacheresse. Shall we be able to find a room there?'

'Oh yes,' replied the curé, 'there is a pension. You will be comfortable there. Well, good-bye, my friends, good-bye!'

1 §25, p. 158.   2 Past historic.   3 Pronoun? §40, p. 164.   4 to put on again, *remettre*.   5 I shake hands with him, *je lui serre la main*.   6 *en montagne*.   7 §20(a), p. 156.   8 a little way, *un bout de chemin*.

41

One afternoon, after going for a stroll on the beach, I went and sat down in front of a café, from where I could see the sea and the children playing[1] on the sands.

After a few minutes a man of about fifty[2] came and sat next to me. Soon he began to chat. I learned that he was on holiday with his wife. He explained to me that his wife's health was not good and that after lunch she liked to go to bed for an hour or two.

'I'll tell you one thing,' he said to me, 'I have taken a holiday because of my wife's health, but I am bored, I shall be glad when we go[3] home.'

This surprised me, for one doesn't often meet people at the sea who are bored.

'I have a small business,' the man explained to me, 'and I like my life. Here I do almost nothing. I sleep, I eat, I drink, I look at the sea, and I am bored. I am too old to[4] bathe; besides I hate cold water; I should prefer to be at home. In my shop I talk to the customers, the time passes quickly. At the end of the day I lock the door and I count my money. And then what a pleasure[5] the next morning to[6] take[7] all this money to the bank!'

1 'who were playing'.   2 'fifty years'.   3 Tense? §13(b), p 152.
4 §25, p. 158.   5 §33, p. 161.   6 *de*.   7 Use *porter*.

42

The detective went into the café.

'Good morning, Albert,' he said, 'don't be afraid. Now tell me what happened.'

'Well,' said Albert, 'I was chatting with this customer when a car stopped in front of the café. Two men got out, opened the door and came in.'

'What were they like[1]?' asked the detective.

'One of them[2] was short, the other was much bigger and stronger. What a man! A real brute.'

'Tell me what they did.'

'Well, the big man hit my customer on the head, then he[3] and his companion seized him, dragged him outside and pushed him into the car. Then they drove off.'

'Why didn't you phone the police at once?'

'I didn't know if I should be prudent to do so[4]. With people like that one never knows. They don't like those[5] who tell the police everything.'

The detective showed him a photograph.

'That's him!' exclaimed Albert, 'the big chap.'

1 What is he like? *Comment est-il?*   2 *l'un d'eux.*   3 §39(c), p. 163.
4 'to do it'.   5 §45(b), p. 165.

43

Boussion had learned that the Germans were going to allow[1] a certain number of sick and wounded men to return to France. For months he had been looking for[2] a chance to escape.

One day he managed to obtain the necessary papers, which he filled in himself. With his penknife he made a stamp by cutting[3] a potato.

On the morning of their departure the French soldiers were in the yard awaiting the trucks which were to[4] transport them to the frontier. Among them was Boussion, carrying in his pocket his false papers.

At last everything was ready and the trucks set off. After several hours they reached the frontier, where our men got out. They passed through Switzerland and finally reached the French frontier, where gendarmes were waiting for them.

One by one[5] the soldiers went into a room where they were questioned by a lieutenant. At last it was Boussion's turn. When he went in the lieutenant said to him: 'Show me your papers.' Boussion showed them to him[7].

After a few seconds the lieutenant looked up and said sharply: 'They are false papers, aren't they? You aren't ill, you haven't been wounded. Don't you understand that you've been very silly? What would the Germans do if they knew that men like you manage to escape by showing[3] false papers? Nobody would be able to get out!'

1 §22, p. 157. 2 Tense? §18, p. 155. 3 §16(b), p. 154. 4 Tense of
devoir? §20(c), p. 156. 5 *un à un*. 6 Past historic. 7 Order of pronouns? §37, p. 163.

44

Prout got up and went to the boss's office. Bouchard was not
there, but Marlène was sitting in an armchair reading a
magazine. She looked up and said: 'Good morning, Prout.
I suppose you want to talk to Bouchard? He has just gone
out for an hour . . . But what's the matter with you? It's[1]
obvious that you aren't well. Sit down and talk to me.'

Prout sat down. After a moment he said: 'It's[1] true that
I'm not well. I sleep badly, I'm worried, I'm afraid.'

'Well, what are you afraid of[2]?' asked Marlène.

'I'm afraid of what is going to happen. One of these days
the police will come and we shall be arrested.'

'Don't be afraid, my friend,' said Marlène with a smile.
'The police will never come here; we know too many
important people.'

Then suddenly she said sharply: 'Tell me, you haven't
been talking[3] to other people[4] about our business?'

'No,' replied Prout, 'but I must say that I don't like doing
dishonest things.'

'But, my poor friend,' said Marlène, laughing, 'what we
do isn't dishonest! Business is business.'

1 *il est* or *c'est*? §44, p. 165. 2 'of what are you afraid?' 3 Ordinary
perfect: 'you haven't talked?' 4 §27(c), p. 159.

Section Four

Free Composition

Note on Free Composition

Teachers and Examiners, knowing that the students' power of expression in French is limited, set simple subjects for which nobody should be short of ideas. When you have to write a composition, the first thing to do is to think over the subject, sketch out your ideas and form them into a plan. Indicate the broad lines first, then add any other details that occur to you. For instance, if you are going to describe a trip to a certain place, the obvious broad lines of the composition will be:

Départ—le voyage—l'endroit que nous avons visité—ce que nous y avons fait—le retour—arrivée chez nous.

If the whole composition is to occupy between fifteen and twenty lines, then on each stage of your plan (let us assume there are four or five) you have to compose only three or four sentences, which together will form a short paragraph. When you start to write the actual essay, let your sentences be simple and direct; write only what, to the best of your knowledge, is correct French; be content to keep to the beaten track and to say just ordinary things. If you follow this method, you will not experience great difficulty with free composition; you will quickly get a sense of progress and will find pleasure in the work. But you must accept this principle, that to write well in another language, you first have to pass through the narrow gate of simplicity.

The Tenses used in narrative

a) The Perfect tense

Personal accounts of recent happenings, things forming part of one's immediate recollections are related in the Perfect (sometimes called the *Passé composé*).

Examiners like to set subjects which call for the use of this tense for the simple reason that it is constantly used by the French in conversation; without a sure mastery of the Perfect one cannot hope to achieve any degree of fluency. Furthermore, this tense offers considerable difficulties. Let us quickly review the points we have to remember:

1. The past participle agrees with a preceding direct object:
Avez-vous vu mes parents?—Oui, je les ai vus.

Avez-vous acheté cette voiture?—Oui, je l'ai achetée.

2. About a dozen verbs (aller, venir, sortir, partir, entrer, descendre, monter, etc.) form their Perfect with *être*; the past participle agrees with the subject:

Elle est sortie.
Nous sommes entrés.

3. *All* reflexive verbs form their Perfect with *être*:

Je me suis levé(e).
Nous nous sommes baigné(e)s.
Elles se sont promenées.

(b) The Past Historic

Independent stories about other people's experiences may be related in the Past Historic. Such stories will contain plenty of things like: il se leva; il sortit; ils allèrent; elle revint; il mit, ils rentrèrent, etc.

(c) The Imperfect

Whether the events of the story are related in the Perfect or the Past Historic, the Imperfect will be used for:

Description in past time:
Il faisait chaud.
Nous étions fatigués.
Il y avait beaucoup de voitures.

Actions which were in progress:
Quand je suis entré, il travaillait.
Quand nous sommes arrivés, ils jouaient au tennis.

(d) Other Tenses

Sometimes, of course, you may wish to use the Future:

Je lui ai dit: «Je reviendrai demain.»

Or the Conditional:

Il a dit qu'il rentrerait à six heures.

Or the Pluperfect:

J'avais déjà vu cet homme.

Subjects for Free Composition

Domestic scenes

1 Votre famille passe une soirée tranquille à la maison. On sonne à la porte. C'est un vieil ami qui est de passage dans la ville et qui est venu vous dire le bonjour.

2 Au milieu de la nuit vous entendez un bruit qui semble venir de la cuisine. Vous allez réveiller votre père, qui descend voir ce qu'il y a. Il trouve qu'un chat est entré par une fenêtre ouverte et a fait tomber un verre.

3 Deux enfants se disputent dans la maison et finissent par se battre. L'un d'eux fait tomber un joli vase et le casse. Scène épouvantable avec la mère.

4 En France vous passez un séjour chez une dame qui est une amie de votre famille. Un jour cette dame est souffrante et ne peut sortir. Elle vous prie de faire le marché. Vous devez aller chez le boucher, l'épicier et le pharmacien, et aussi à la poste. Elle vous donne un billet de 100 francs.

5 Un(e) jeune Anglais(e) qui va quitter la France fait le tour des magasins pour acheter des cadeaux pour sa famille. Qu'est-ce qu'il (elle) a acheté? Rapportez sa conversation avec les vendeurs.

6 Vous allez passer la soirée chez des amis. Vous rentrez très tard. Votre père vous attend. Il a sommeil, il est mécontent. Explications.

Conversations

7 Dans le train, un monsieur qui est assis en face de vous, vous prête ses journaux. Au bout de quelque temps vous les lui rendez en le remerciant. Vous vous mettez à causer avec lui.

8 Vous êtes en vacances à la mer. Sur la plage vous rencontrez un(e) camarade. Il va chercher ses parents, à qui vous présentez les vôtres. Les deux familles causent ensemble.

9 En France votre famille fait pique-nique au bord de la route. Des fermiers français qui s'en vont déjeuner, vous saluent et s'arrêtent pour causer un peu.

10 Deux étudiant(e)s se recontrent après les grandes vacances. Ils ont travaillé pendant une partie des vacances. Ils se racontent ce qu'ils (elles) ont fait pour gagner de l'argent.

11 Dans la rue un touriste étranger vous raconte qu'il a laissé sa voiture dans un parking dont il a oublié la situation. Il vous décrit les alentours du parking. Vous lui donnez les indications nécessaires.

Letters

12 Vous êtes en vacances à la mer. Ecrivez une lettre à un(e) ami(e) dans laquelle vous lui racontez comment vous vous êtes amusé(e).

13 Vous passez une quinzaine de jours chez des amis à la campagne. Ecrivez une lettre à vos parents, dans laquelle vous leur racontez ce que vous avez fait, où vous êtes allé(e).

14 Vos grands-parents vous ont envoyé 50 francs pour votre anniversaire. Ecrivez-leur une lettre de remerciements et dites-leur ce que vouz avez acheté avec les 50 francs.

15 Vous êtes en France, voyageant en auto. Au cours de votre promenade vous voulez rendre visite à des amis français. Ecrivez-leur une lettre pour leur annoncer votre intention de passer chez eux pour leur dire bonjour.

16 A la mer vous avez fait la connaissance d'un(e) jeune

Français(e). A votre retour chez vous, vous lui écrivez une lettre, dans laquelle vous parlez de la rentrée chez vous et des jours heureux que vous avez passés ensemble.

Excursions and Incidents

17 Vous êtes photographe. En vous promenant, vous avez perdu votre appareil. Avec votre père vous retournez aux endroits où vous avez pu l'oublier. Vous finissez par retrouver votre appareil.

18 Vous êtes plusieurs amis qui vous promenez à la campagne. Vous arrivez au bord d'un étang. Parmi les branches d'un arbre tombé vous apercevez un nid d'oiseau. En essayant d'avoir les œufs, un de vos camarades tombe à l'eau.

19 Les Durand se promènent dans un bois. Le fils, Jacques, âgé de douze ans, aperçoit une guêpière (*wasps'nest*). Il y enfonce un bâton. Beaucoup de guêpes sortent, la mère est piquée. Le père est furieux contre son fils.
La mère raconte à une voisine ce qui s'est passé.

20 Vous allez à la pêche avec un ami. Au bord de la rivière, un homme s'approche et vous dit que la pêche est gardée. Vous êtes obligés de vous en aller.

21 Vous êtes à la mer. Avec plusieurs camarades vous grimpez sur de grands rochers. Cependant, la marée montante vous empêche de regagner le rivage. Racontez ce qui s'est passé et comment vous vous êtes tirés de cette situation.

22 Assis sur un banc du jardin public, M. Durand lit son journal. Au bout de quelque temps il cesse de lire et dépose ses lunettes sur le banc. En partant, il les oublie. Des enfants trouvent les lunettes et les portent au poste de police. M. Durand finit par rentrer en possession de ses lunettes.

Travel

23 Votre famille est en promenade en France. C'est le soir ; vous cherchez des chambres. Dans un hôtel, la patronne n'a pas

de chambres libres, mais elle connaît une dame qui en a. Elle vous conduit chez cette dame. Vous mangez bien à l'hôtel.

24 Vous voyagez en auto. Il vous reste très peu d'essence. Dans un village vous apercevez des postes d'essence, mais le garagiste est allé déjeuner. On vous dit où vous pouvez le trouver. Il a l'obligeance de venir vous servir.

25 Vous êtes en France. Vous allez dans une banque pour changer un chèque de voyageurs. Vous montrez votre passeport. Un peu plus tard vous vous apercevez que vous ne l'avez plus. Vous retournez à la banque; on vous rend votre passeport.

26 Vous revenez de Suisse. Au débarquement, le douanier remarque que vous avez une montre-bracelet. Il vous pose des questions. Vous lui prouvez que cette montre a été achetée en Angleterre. Décrivez cet incident. Rapportez votre conversation avec le douanier.

27 Vous êtes trois amis. Vous voyagez en France en auto. Le soir, sur une route déserte, vous avez une panne. Un homme passe en bicyclette. Il vous promet de prévenir le garagiste du village voisin.

Camping

28 Dans une belle région de France, vous trouvez un endroit où vous voulez camper. Vous dressez votre tente. Arrive le propriétaire du terrain, qui vous dit qu'il est défendu de camper. Cependant, après vous avoir posé quelques questions, il voit que vous êtes des jeunes gens convenables et finit par vous donner sa permission.

29 En France, vous trouvez un camping qui vous convient. Vous vous renseignez sur les conditions. Vous choisissez un emplacement. Décrivez votre installation et votre première nuit passée sous la tente. Parlez aussi de vos voisins au camping.

30 Vous faites du camping. Vous quittez votre tente pour quelques heures. A votre retour, vous trouvez que des vaches ont abattu votre tente. Vous vous adressez au fermier, qui est aimable et qui emmène ses vaches dans une autre prairie.

Animals

31 Au printemps, vous trouvez dans votre jardin un nid d'oiseau où il y a des œufs. Vous surveillez discrètement ce nid pendant plusieurs jours. Malheureusement un chat effraie les oiseaux, qui abandonnent leur nid.

32 Vous avez un joli chat que vous aimez beaucoup. Un soir vous le laissez sortir. Plus tard vous sortez le rappeler: il ne revient pas. Le lendemain vous le trouvez mort sur la route: il avait été écrasé par une voiture.

33 Marie, une fillette de douze ans, en regardant par la fenêtre, voit des enfants dans la rue qui encourage un chien à attaquer un chat. Elle sort, réprimande les enfants, ramasse le chat et le porte dans la maison.
Marie raconte cet incident à ses parents.

Free Composition based on picture-series

A series of pictures, usually six, is provided which suggest stages of a story. Candidates are required to tell this story in their own words. The composition is generally limited to about 150 words. In most cases there are instructions that the story must be told in the Past tense. Where it is suggested that the use of the Past Historic should be avoided, this means that the narrative must be in the Perfect tense (il a vu, il est allé, etc.).

'There's no place like home. . . .'

tractor, *le tracteur*

Putting a clean face on it

hose-pipe, *le tuyau de lavage*; to turn on the tap, *ouvrir le robinet*; pane of glass, *le carreau*

3

Fox and chickens

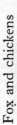

chicken-hut, *le poulailler*; cooker, *le fourneau*; fox, *le renard*; kennel, *la niche*

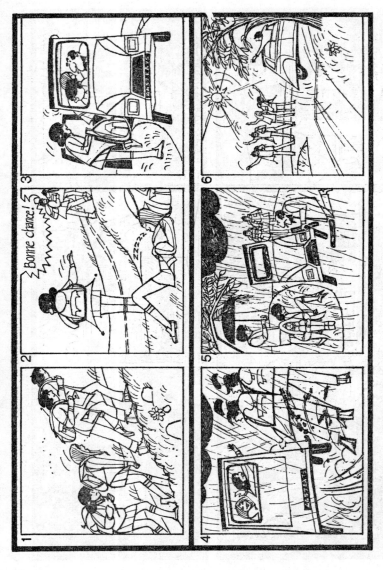

to hitch-hike, faire de l'auto-stop ; hitch-hiker, auto-stoppeur (m) auto-stoppeuse (f) ;
to splash, éclabousser ; a puncture, une crevaison ; a spare wheel, une roue de secours

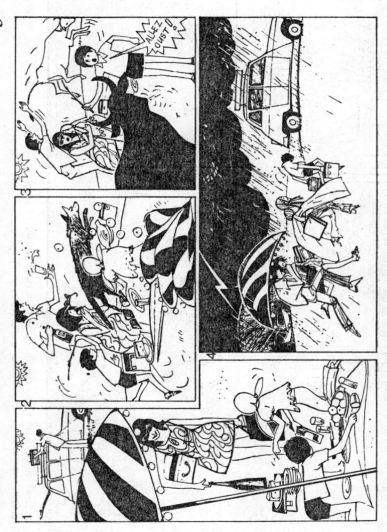

to have a picnic, *faire un pique-nique* ; roof-rack, *le porte-bagages* ; boot (of a car), *le coffre* ; to knock over a parasol, *renverser un parasol.*

143

Un retour de vacances qui coûte cher

to break down, *tomber, être en panne* ; a bonnet, *un capot* ; a break down van, *un camion de dépannage* ; to tow, *remorquer*

Section Five

Summary of
Grammar

Verbs

§1 Form of questions

While we can say: **êtes-vous? voit-il? entendez-vous?** etc.,
with the first person singular we usually use **est-ce que:**
Est-ce que je prends? *Do I take?*
Est-ce que je vais? *Do I go?*

Est-ce que may of course be used in all cases:
Sait-il? or Est-ce qu'il sait?
Allons-nous? or Est-ce que nous allons?
Entendez-vous? or Est-ce que vous entendez?

When the subject is a noun, we may frame a question in two ways:
Ton ami est-il arrivé? ⎱
Est-ce que ton ami est arrivé? ⎰ *Has your friend arrived?*

Ce bifteck est-il bon? ⎱
Est-ce que ce bifteck est bon? ⎰ *Is that steak good?*

§2 The Imperative

Regarde tes mains! *Look at your hands!*
Ne dépense pas tout ton argent! *Don't spend all your money!*

Fermez la porte! *Shut the door!*
Ne fermez pas les fenêtres! *Don't close the windows!*

Ecoutons la musique! *Let us listen to the music!*
Ne sortons pas! *Let us not go out!*
Allons! *Let us go!* Attendons! *Let us wait!* etc.

Imperative of **être** and **avoir:**

sois! *be!*	aie! *have!*
soyez! *be!*	ayez! *have!*
soyons! *let us be!*	ayons! *let us have!*

Soyons calmes! *Let us be calm!*
N'ayez pas peur! *Don't be afraid!*

§3 Present tense of Reflexive verbs

Example: **s'arrêter**, *to stop*

je m'arrête	nous nous arrêtons
tu t'arrêtes	vous vous arrêtez
il (elle) s'arrête	ils (elles) s'arrêtent

Negative: je ne m'arrête pas
        tu ne t'arrêtes pas, etc.

The reflexive pronoun must agree with the subject in cases like:
Je vais me coucher.
Nous voulons nous reposer.
Vous pouvez vous asseoir.

The reflexive pronoun may mean *to myself, to himself*, etc.
Je me dis. *I say to myself.* Il se dit. *He says to himself.*

Other examples of the use of reflexive verbs:
La porte s'ouvre (se ferme). *The door opens (closes).*
Nous nous connaissons. *We know each other.*
Ils se regardent. *They look at one another.*

§4 Imperative of Reflexive verbs
Example: **se dépêcher,** *to hurry*

dépêche-toi!	ne te dépêche pas!
dépêchez-vous!	ne vous dépêchez pas!
dépêchons-nous!	ne nous dépêchons pas!

§5 *S'asseoir* and *être assis*
S'asseoir = *to seat oneself, to sit down* (the act).
Être assis = *to be seated* or *to be sitting* (the state).

Je m'assieds.	*I sit down* (act).
Je suis assis.	*I am sitting* (state).
Il s'assit.	*He sat down* (act).
Il était assis.	*He was sitting* (state).

§6 Negative forms
Ne . . . rien, *nothing*
Je ne vois rien. *I see nothing. I don't see anything.*
Il n'a rien dit. *He said nothing. He didn't say anything.*
Que fais-tu là?—Rien. (*nothing*)
Rien de plus facile. *Nothing easier.*

Ne . . . jamais, *never*
Elle ne sort jamais. *She never goes out.*
Je ne l'ai jamais rencontré. *I have never met him.*
Vient-il chez vous?—Jamais. (*never*)

Ne . . . plus, *no longer, no more*
Ils ne jouent plus.   *They are no longer playing.*
Nous n'y allons plus.   *We don't go there any more.*

Ne . . . que, *only, nothing but*
Je n'ai que dix francs.   *I have only (nothing but) ten francs.*

Ne . . . personne, *nobody*
Nous ne connaissons personne ici.   *We know nobody here.*
Je n'ai vu personne.   *I haven't seen anybody.*
Personne ne sait.   *Nobody knows.*

Other Examples

Vous ne partez pas?—**Si,** je pars.   *Yes, I am leaving.*
Mais ce n'est pas vrai!—**Si,** c'est vrai.   *Yes, it's true.*
Tu les connais, n'est-ce pas?   *You know them, don't you?*
Il joue bien, n'est-ce pas?   *He plays well, doesn't he?*

§7   Perfect tense with *avoir*

a) J'ai vu   Je n'ai pas vu.   *I have not seen.*   *I did not see.*
       Tu as vu, etc.   Tu n'as pas vu, etc.

Ai-je vu?   ⎫ *Have I seen?*
Est-ce que j'ai vu?   ⎬ *Did I see?*
N'ai-je pas vu?   ⎫ *Have I not seen?*
Est-ce que je n'ai pas vu?   ⎬ *Did I not see?*

The *past participle* agrees with a preceding direct object:
As-tu vu ma sœur?—Oui, je l'ai vue.

As-tu vu mes parents?—Oui, je les ai vus.

Où sont les fleurs qu'il a apportées?

b) *I have been* (*doing*) is expressed by the plain Perfect:
Qu'avez-vous fait ce matin?—J'ai travaillé.
What have you been doing this morning?—I have been working.

Note the word order in these cases:
Il a tout vendu.   *He has sold everything.*
Vous avez bien joué.   *You played well.*

148

c) A special form:
Je viens de (faire) = *I have just (done)*.
Elle vient de sortir. *She has just gone out.*
Ils viennent d'arriver. *They have just arrived.*

§8 Perfect tense with *être*

The verbs conjugated with **être** are:

aller, *to go*	je suis allé(e)
venir, *to come*	je suis venu(e)
revenir, *to come back*	je suis revenu(e)
devenir, *to become*	je suis devenu(e)
arriver, *to arrive*	je suis arrivé(e)
partir, *to depart*	je suis parti(e)
sortir, *to go (come) out*	je suis sorti(e)
entrer, *to enter*	je suis entré(e)
rentrer, *to go (come) home*	je suis rentré(e)
descendre, *to descend*	je suis descendu(e)
monter, *to go (come) up*	je suis monté(e)
tomber, *to fall*	je suis tombé(e)
rester, *to remain, stay*	je suis resté(e)
retourner, *to go back*	je suis retourné(e)

With these verbs, the *past participle* merely plays the part of an adjective and agrees with the subject:
elle est sortie; ils sont partis

§9 Perfect of Reflexive verbs

Reflexive verbs are *always* conjugated with **être**:

je me suis levé(e)	nous nous sommes levé(e)s
tu t'es levé(e)	vous vous êtes levé(e)(s)
il s'est levé	ils se sont levés
elle s'est levée	elles se sont levées

The *past participle* agrees with the reflexive pronoun, which is its direct object:
elle s'est levée   (**levée** agrees with **se** = herself)

nous nous sommes levés   (**levés** agrees with **nous** = ourselves)

§ 10 The Imperfect tense

a) FORM. Except for **être** (Imperfect, *j'étais*), one can always tell the form of the imperfect from the **nous** part of the Present:

prendre	nous prenons	je prenais
faire	nous faisons	je faisais

Example:

je prenais	nous prenions
tu prenais	vous preniez
il prenait	ils prenaient

b) USE OF THE IMPERFECT

Je travaillais $\left\{ \begin{array}{l} I \text{ was working.} \\ I \text{ used to work.} \end{array} \right.$

Nous y allions souvent. *We often went* (= *used to go*) *there.*
Le soir je faisais un tour.
In the evening I would (= *used to*) *go for a stroll.*

Un ruisseau coulait dans la prairie.
A brook flowed (= *was flowing*) *through the meadow.*

This last example shows that the Imperfect is the tense to use in description in past time, since description tells how things *were being* or *used to be.*

c) Other examples:
Je croyais que vous alliez partir.
I thought (= *was thinking*) *that you were going to leave.*

Je savais qu'il était malade.
I knew that he was ill.

Nous voulions les voir.
We wished (= *were wishing*) *to see them.*

§ 11 The Past Historic tense

a) FORM
We will ignore the second person forms, which are rarely used.
Here are examples of the three types:

donner	**attendre**	**courir**
je donnai	j'attendis	je courus
il donna	il attendit	il courut
nous donnâmes	nous attendîmes	nous courûmes
ils donnèrent	ils attendirent	ils coururent

The only verbs which do not follow any one of these three types
are **venir,** *to come,* **tenir,** *to hold :*

je vins	je tins
il vint	il tint
nous vînmes	nous tînmes
ils vinrent	ils tinrent

b) USE OF THE PAST HISTORIC
In speech and in writing about recent happenings (e.g. in letters),
the French always use the Perfect (j'ai vu, je suis allé, etc.).
The Past Historic is confined to literary narrative : stories, novels,
history, biography, etc. It is used for the events, the things that
occurred in the story : il partit, il arriva, il alla, il revint, etc.

Note the inversion always used when quoting speech in narrative :
«Mais oui,» répondit-il.
«Je veux bien,» dit-il.
«Venez ici!» cria-t-il.

§ 12 The Pluperfect tense

a) This is the tense which expresses *I had (done),* etc.
J'avais vu. *I had seen.*
Nous avions mangé. *We had eaten.*

Verbs conjugated with **être** form this tense with **j'étais, tu étais,**
etc.
J'étais arrivé(e). *I had arrived.*
Elle était sortie. *She had gone out.*
Ils étaient revenus. *They had come back.*

Examples of the Pluperfect of reflexive verbs :
Je m'étais couché(e). *I had gone to bed.*
Elle s'était arrêtée. *She had stopped.*

b) Things like *I had been working, he had been listening* are
expressed by the plain pluperfect :
J'avais travaillé dans ma chambre.
I had been working in my room.

Elle avait écouté quelques disques.
She had been listening to a few records.

c) A special form :
Je venais d'arriver. *I had just arrived.*
Ils venaient de partir. *They had just left.*

§13   The Future tense

a) FORM

Example: **rester,** *to stay* : **je resterai,** *I shall stay.*

je resterai	nous resterons
tu resteras	vous resterez
il restera	ils resteront

There are a few irregular futures, e.g. **j'aurai,** *I shall have,* **je serai,** *I shall be,* **j'irai,** *I shall go,* etc., but the *endings* are always the same.

b) **The 'concealed' future**

In French the future has to be used when future time is meant:

Quand je serai à Paris, je vous rendrai visite.
When I am (= *shall be*) *in Paris, I will call on you.*

Dès qu'il arrivera, je vous donnerai un coup de téléphone.
As soon as he arrives (= *will arrive*) *I will give you a ring.*

c) There is a form called the Future Perfect, made up with **j'aurai, tu auras,** etc. or with **je serai, tu seras,** etc.

j'aurai fini, *I shall have finished*
il aura vu, *he will have seen*
elle sera sortie, *she will have gone out*

This is the form to use when we wish to express things like:
When I have (= will have) finished my work . . .
As soon as she has (= will have) done her shopping . . .

Quand j'aurai fini mon travail, je sortirai.
Quand elle aura fait son marché, elle rentrera chez elle.
Quand ils seront partis, je me coucherai.

§14   The Conditional tense

a) This is the tense which means *I should* (*do*) or *I would* (*do*).
Example: **voir,** *to see* : **je verrais,** *I should* (*would*) *see.*

je verrais	nous verrions
tu verrais	vous verriez
il verrait	ils verraient

b) Examples of the Conditional Perfect.

j'aurais vu   *I should have seen*

je serais sorti   *I should have gone out*
je me serais levé   *I should have got up*

§15 The Passive

It is quite easy to express in French things like: *we are invited, the child has been saved, they will be caught,* etc. One merely uses the past participle as an adjective. Take the verb **suivre,** *to follow*; past participle **suivi,** *followed*:

Il est suivi.	*He is followed.*
Ils sont suivis.	*They are followed.*
Ils étaient suivis.	*They were (being) followed.*
Ils furent suivis.	*They were followed.* (event)
Ils ont été suivis.	*They have been followed.*
Ils avaient été suivis.	*They had been followed.*
Ils seront suivis.	*They will be followed.*

Other examples:
Elle a été renversée par une auto.
She has been knocked down by a car.

Les champs étaient couverts de neige.
The fields were covered with snow.

La maison était entourée d'arbres.
The house was surrounded by trees.

Note also: **suivi de,** *followed by;* **accompagné de,** *accompanied by;* **rempli de,** *filled with.*

The French often avoid the Passive by using **on**:
Your wallet has been found.   On a retrouvé votre portefeuille.
They were seen in town.   On les a vus en ville.
It is said (known, thought) that . . .   On dit (sait, croit) que . . .
I have been told that . . .   On m'a dit que . . .

§16 The Present participle

a) The form of the present participle is indicated by the *nous* part of the Present:

prendre, *to take*	nous prenons	prenant, *taking*
voir, *to see*	nous voyons	voyant, *seeing*
dire, *to say*	nous disons	disant, *saying*

Exceptions: être étant *being*
             avoir ayant *having*
             savoir sachant *knowing*

Examples:
Voyant qu'il était fatigué, je l'ai prié de s'asseoir.
Seeing that he was tired, I asked him to sit down.

Ne pouvant plus attendre, elle s'en alla.
Being unable to wait any longer, she went away.

«Fort bien!» dit-il, prenant son chapeau.
'Very well!' he said, taking his hat.

The present participle is a fixed form, except when used purely as an adjective, e.g. des livres intéressants, une dame charmante.

b) **En (faisant)** means *while, in* or *by* (*doing*):
En me voyant, il s'est approché.
On seeing me he came up.

«Mais non!» dit-elle en souriant.
'Oh no!' she said, smiling (with a smile).

«Il est tard,» dit-il en regardant sa montre.
'It is late,' he said, looking at his watch.

En faisant la chambre, j'ai trouvé ce bouton.
While doing the room I found this button.

§17 Tenses used with si *(if)*
These are quite simple:
Si je suis . . . *If I am . . .*
Si j'étais . . . *If I was (were) . . .*
Si vous faites cela, nous serons fâchés.
If you do that we shall be annoyed.

Si vous alliez trop loin, vous seriez fatigués.
If you went too far you would be tired.

In indirect questions, introduced by expressions such as: je demande si . . . , je ne sais pas si . . . , je veux savoir si . . . , one may use the Future or the Conditional:
Je me demande s'ils viendront.
I wonder if they will come.

154

Je me demandais s'ils viendraient.
I was wondering if they would come.

§ 18 *Depuis*

Take this example:
Je suis ici depuis un mois.
Literally this means: *I am here since a month,* i.e. *I have been here for a month.*

Other examples:
Il attend depuis dix minutes.
He has been waiting for ten minutes.

Nous apprenons le français depuis trois ans.
We have been learning French for three years.

Il est malade depuis longtemps.
He has been ill for a long time.

Depuis + the Imperfect is used in a similar construction:
J'étais là depuis une heure.
I had been there for an hour.

Il y travaillait depuis cinq ans.
He had been working there for five years.

§ 19 **Verbs followed directly by the infinitive**

vouloir	Je veux rester.	*I wish to stay.*
pouvoir	Vous pouvez entrer.	*You can go in.*
aller	Il va jouer.	*He is going to play.*
devoir	Nous devons partir.	*We must go.*
savoir	Je sais conduire.	*I know how to drive.*
désirer	Vous désirez déjeuner?	*You wish to have lunch?*
aimer	Elle aime danser.	*She likes to dance.*
laisser	Je les laisse sortir.	*I let them go out.*
oser	Il n'ose pas le faire.	*He dare not do it.*
espérer	Nous espérons revenir.	*We hope to return.*

Things like *come and (do), go and (do)* are expressed thus:
Go and see the doctor. Allez voir le médecin.
Come and take this case. Venez prendre cette valise.
Come and sit down. Venez vous asseoir.

§20 Points concerning *vouloir, pouvoir, devoir*
a) Vouloir
Je voudrais y aller. *I should like to go there.*
J'aurais voulu leur parler.
$\begin{cases} \textit{I should have liked to speak to them.} \\ \textit{I should like to have spoken to them.} \end{cases}$

b) Pouvoir
Could meaning *was able* is translated by the Imperfect:
Je ne pouvais pas l'ouvrir. *I could not open it.*

Could meaning *would be able* is translated by the Conditional:
Il m'a dit qu'il pourrait venir demain.
He told me he could (might) come tomorrow.

c) Devoir
Nous devons attendre. *We must (have to) wait.*

The Perfect may express *must have*:
Il a dû sortir. *He must have gone out.*
Ils ont dû me voir. *They must have seen me.*

The Imperfect may express *was to (do)* or *was to have (done)*:
Nous devions partir à sept heures.
We were to leave (were to have left) at seven o'clock.

The Conditional expresses *ought to (do)*:
Je devrais leur écrire. *I ought to write to them.*

d) Il faut + infinitive = *it is necessary to (do)*. It often expresses *have to* or *must*:
Il faut payer. *One (I, we, etc.) must pay.*
Il fallait attendre. *One (I, we, etc.) had to wait.*

§21 Words linked to the infinitive by *de*
décider	Elle décida de partir.
essayer	Il essaya d'ouvrir la fenêtre.
s'arrêter	Il s'arrêta de travailler.
empêcher	Vous m'empêchez de voir.
prier	Je vous prie de m'excuser.
content	Nous sommes contents de vous voir.
heureux	Je serai heureux de les recevoir.
obligé	Il est obligé de partir ce matin.
le temps	Nous n'avons pas le temps d'y aller.

Note the form **en train de (faire),** *in the process of (doing):*
Je suis en train de cueillir quelques fleurs.
I am just picking a few flowers.

Ma mère est en train de faire les chambres.
My mother is just doing the bedrooms.

About to (do) is expressed thus:
Il est sur le point de partir. ⎫
Il va partir.   ⎭   *He is about to leave.*

§22 Construction with *dire, demander, permettre*
J'ai dit à ce monsieur d'attendre.
I have told that gentleman to wait.

Je lui ai dit d'attendre.
I have told him to wait.

Nous avons demandé au docteur de venir.
We have asked the doctor to come.

Nous lui avons demandé de venir.
We have asked him to come.

Ils permettent aux élèves de sortir.
They allow the pupils to go out.

Ils leur permettent de sortir.
They allow them to go out.

§23 Negative with the infinitive
Both parts (ne ... pas, ne ... rien) are placed before the infinitive:
Dites-leur de ne pas crier.
Tell them not to shout.

Il a décidé de ne rien dire.
He has decided to say nothing.

§24
a) Verbs linked to the infinitive by **à**:
apprendre à (faire)   *to learn to (do)*
commencer à (faire)   *to begin to (do)*

se mettre à (faire)	*to begin (start) to (do)*
continuer à (faire)	*to continue to (do)*
réussir à (faire)	*to succeed in (doing)*
rester à (faire)	*to stay (doing)*

Il resta à regarder les bateaux.
He stayed (stood) looking at the boats.

b) Other examples of the infinitive with **à**:
Je n'ai rien à faire.   *I have nothing to do.*
Nous avons beaucoup à faire.   *We have a lot to do.*
J'ai quelque chose à vous dire.   *I have something to tell you.*

Ils sont prêts à partir.   *They are ready to leave.*
J'ai quelques lettres à écrire.   *I have a few letters to write.*
Il sera le premier (le dernier) à sortir.
He will be the first (the last) to come out.

§25   Infinitive used with prepositions other than *à* and *de*

Pour. Elle s'arrêta pour ouvrir son sac à main.
Pour is always used after **trop** (*too*) and **assez** (*enough*):
Je suis trop fatigué pour jouer.
Il n'avait pas assez d'argent pour l'acheter.

Sans parler, *without speaking.*
Avant de partir, *before leaving.*
Au lieu de répondre, *instead of answering.*

After (doing) is always expressed as *after having (done)*:
Après avoir lu la lettre . . .   *After reading the letter . . .*

§26

a) Verbs which take **à** before their object:
Je réponds à votre question.   *I answer your question.*
Il pensait à sa famille.   *He was thinking of his family.*
Tu ressembles à ta mère.   *You are like your mother.*

b) With several verbs, **à** has the sense of *from*:
Il demanda l'heure à un passant.
He asked a passer-by the time.

158

Elle emprunta 10 francs à une camarade.
She borrowed 10 francs from a friend.

J'ai acheté cette voiture à M. Bidon.
I bought this car from M. Bidon.

Il cacha la lettre à son patron.
He hid the letter from his employer.

L'homme lui prit son passeport.
The man took his passport from him.

The article

§27 The Partitive Article

a) **du** fromage   *some cheese*   **de la** viande   *some meat*
  de l'argent   *some money*   **des** œufs   *some eggs*
Nous mangeons de la viande et des légumes.
We eat meat and vegetables.
Avez-vous du lait?   *Have you any milk?*

b) **De** alone is used after a negative:
Nous n'avons pas de pain.
Il n'y a plus de bouteilles.

Note too:
Je ne porte pas de chapeau.   *I don't wear a hat.*
Il n'a pas de voiture.   *He hasn't a car.*

c) **De,** not **des,** is used when there is an adjective before the noun:
Il y a de grands magasins et de bons hôtels.

§28 Quantity

assez (de)	*enough*	plus (de)	*more*
trop (de)	*too much, too many*	moins (de)	*less, fewer*
tant (de)	*so much, so many*	un peu (de)	*a little*
autant de	*as much, as many*	peu (de)	*little, few*

la plupart, *most :*
La plupart des gens sont polis.
Most (of the) people are polite.

la moitié, *half :* la moitié de son argent, *half his money.*
plusieurs (*m. & f.*), *several :* plusieurs hommes, plusieurs femmes.

quelque, *some* (indefinite):
quelque chose, *something*   quelque temps, *some time*
quelques minutes, *some (a few) minutes*

Note the use of **de** in:
quelque chose de bon, *something good.*
quelque chose d'intéressant, *something interesting.*

§ 29   Constructions with parts of the body

a) Je lève la main (la tête, les yeux).
   I raise my hand (my head, my eyes).

b) Je me lave les mains (le visage).
   I wash my hands (my face).

   Il s'essuya la bouche.
   He wiped his mouth.

c) Il me prit le bras.
   He took my arm.

   Je lui serrai la main.
   I shook his hand. I shook hands with him.

Adjectives

§ 30   Position of adjectives

The following usually precede the noun:

grand	joli	mauvais	haut
petit	beau	gros	gentil
jeune	bon	long	excellent
vieux	meilleur	autre	

Examples:
une jolie petite maison
un gros chien noir
une petite ville française

Note the position of **assez** (*enough*):
Il n'est pas assez intelligent.
L'eau n'est pas assez chaude.

§31   Comparison
Paul est aussi fort que Jean.   (*as strong as*)
Paul est plus fort que Jean.   (*stronger than*)
Paul est moins fort que Jean.   (*less strong than, not as strong as*)
Paul n'est pas si fort que Jean.   (*not as strong as*)

Better = **meilleur**, *f.* **meilleure**. e.g. de meilleures chambres.

§32   Superlative
Examples:
le plus grand magasin   les plus grands magasins
la plus jolie robe   les plus jolies robes

The best = **le meilleur**, *f.* **la meilleure**

Examples of the superlative when the adjective follows the noun:
l'homme le plus poli
l'histoire la plus amusante

After a superlative, *in* is translated by **de**:
le meilleur élève de la classe
la plus belle église de la région

§33   Uses of *quel, quels, quelle, quelles,* (*which, what*)
quel hôtel?   quelle rue?
quels livres?   quelles fleurs?

Quel est votre numéro?   *What is your number?*
Quelle est cette dame?   *Who is that lady?*
Quel homme!   *What a man!*
Quelle jolie voiture!   *What a nice car!*

Pronouns
§34   Interrogative pronouns
Who? (subject):   **Qui** appelle?
      Qui est-ce qui appelle?
Whom? (object):   **Qui** appelez-vous?
      Qui est-ce que vous appelez?
Whom? with prepositions:
      A **qui** écris-tu?
      De **qui** parlez-vous?

What? (subject):	**Qu'est-ce qui** se passe ?
What? (object):	**Que** dites-vous ?
	Qu'est-ce que vous dites ?

What? with prepositions:

De **quoi** parlez-vous ?
A **quoi** jouent-ils ?

§35 Pronoun Objects

a) Direct Object

Il me voit.	*He sees me.*
Il te voit.	*He sees you.*
Il le voit.	*He sees him* (or *it*).
Il la voit.	*He sees her* (or *it*).
Il nous voit.	*He sees us.*
Il vous voit.	*He sees you.*
Il les voit.	*He sees them.*

Les voici! *Here they are!*   La voilà! *There she is!*

b) Indirect Object

Il me parle.	*He speaks to me.*
Il te parle.	*He speaks to you.*
Il lui parle.	*He speaks to him* (or *to her*).
Il nous parle.	*He speaks to us.*
Il vous parle.	*He speaks to you.*
Il leur parle.	*He speaks to them.*

§36

a) **Y** = *there*

Allez-vous à Paris ?—Oui, j'y vais.
Est-il dans sa chambre ?—Non, il n'y est pas.

b) **En** = *some, of it, of them*

Examples of its uses:
Avez-vous du lait ?—Oui, j'en ai.
Have you any milk?—Yes, I have (some).

Y a-t-il des enveloppes ?—Non, il n'y en a pas.
Are there any envelopes?—No, there aren't any.

Ont-ils des enfants ?—Ils en ont trois.
Have they any children?—They have three (of them).

162

As-tu de l'argent?—J'en ai assez.
Have you any money?—I have enough (of it).

§37 Position of Pronoun Objects
Examples:

Je ne les connais pas.   Je veux les acheter.
Je l'ai vu.   Nous allons leur parler.
Je ne l'ai pas vu.
Nous lui avons écrit.

Two pronouns together:

Je le leur montre.   Je leur en donne.
Il me les donne.   Je le lui ai montré.

§38 Pronoun Objects with the Imperative
Examples:

Prenez-les!   Ne les prenez pas!
Laissez-moi!   Ne me laissez pas!
Allez-y!   N'y allez pas!
Montrez-le-lui!   Ne le lui montrez pas!
Donnez-les-moi!   Ne me les donnez pas!

§39 Disjunctive pronouns
Examples:

a) With prepositions:
avec moi; devant elle; pour lui; derrière eux;
chez moi, *at* (or *to*) *my house*; chez lui, chez nous, etc.

b) With *c'est*:
c'est moi; c'est lui; c'est vous. BUT: ce sont eux.

c) For emphasis:
Moi, je n'ai rien dit.   I *didn't say anything.*
Vous, vous parlez bien.   You *speak well.*

Note too:
Mon frère et moi, nous sommes restés ici.
My brother and I stayed here.

Moi aussi, je l'ai vu.   *I saw it too.*
Eux aussi le savent.   *They know it too.*

d) In comparisons:
Il était plus jeune que moi.

e) Combined with **même**, to form **moi-même**, *myself*, **lui-même**, *himself*, **nous-mêmes**, *ourselves*, etc.:
Je l'ai fait moi-même.   *I made it myself.*
Nous y allons nous-mêmes.   *We are going there ourselves.*

§40   Relative pronouns
Que (Qu') = *whom* or *which* as the Object:
Les gens que je connais.
Le travail que je fais.
Les lettres que j'ai écrites.

Dont = *whose, of whom, of which* :
La maison dont vous voyez le toit.
La personne dont vous parlez.
L'argent dont j'ai besoin.

Lequel, lesquels, laquelle, lesquelles
These pronouns are used with prepositions, to express things like *with which, on which, for which* :
Le journal dans lequel je l'ai lu.
Les arbres derrière lesquels on voyait la maison.
La clef avec laquelle j'ouvre la porte.
Un village au milieu duquel il y avait une église.

§41   The use of *ce qui* (subject), *ce que (qu')*, (object)
These expressions are used with great frequency in French. They mean *what* in these circumstances:
Je sais ce qui se passe.
I know what is going on.

J'entends ce que vous dites.
I hear what you are saying.

Dites-moi tout ce que vous savez.
Tell me all you know.

§42   *Ceci,* (this), *cela (ça)*, (that)
Regardez ceci!   *Look at this!*
Ceci est plus cher.   *This is dearer.*

Qui a fait cela (ça)?   *Who has done that?*
Cela arrive souvent.   *That often happens.*

§43   Examples involving *c'est, ce sont*
C'est une fleur jaune.   *It is a yellow flower.*
Ce sont des fleurs jaunes.   *They are yellow flowers.*
C'est un ami.   *It (he) is a friend.*
Ce sont des amis.   *They are friends.*
C'est un brave garçon.   *He is a good fellow.*
Ce sont des gens charmants.   *They are charming people.*

§44   *Il est (possible)* and *c'est (possible)*
Il est leads off when the adjective is followed by **de** + infinitive
or by **que** + a phrase:
Il est difficile (possible, nécessaire, etc.) de . . .
Il est certain (vrai, évident, possible, etc.) que . . .

But **c'est** *possible* (*probable, difficile,* etc.) is complete in itself.
It really means *that* (i.e. what we have mentioned) *is possible*
(*difficult,* etc.).
Il est évident qu'ils vont refuser.—Oui, c'est évident.
Est-il possible d'y aller?—Oui, c'est possible.

§45   The Demonstrative pronoun
Masc. **celui, ceux**   Fem. **celle, celles**

Uses:
a) Followed by **de**:
Dites-moi votre nom et celui de votre ami.
Tell me your name and your friend's (lit. *that of your friend*).

Ma bicyclette est vieille, celle de Claude est neuve.
My bicycle is old, Claude's (lit. *that of Claude*) *is new.*

Mes doigts sont plus courts que ceux de Jeanne.
My fingers are shorter than Jeanne's (lit. *those of Jeanne*).

b) Followed by **qui** or **que**:
Quelle dame?—Celle qui vient de sortir.
Which lady?—The one who (she who) has just gone out.

Quel journal?—Celui que vous avez à la main.
Which newspaper?—The one which you have in your hand.

165

Quelles lettres?—Celles que le facteur vient d'apporter.
Which letters?—The ones (those) which the postman has just brought.

§46　The pronouns *celui-ci,* (this one), *celui-là* (that one), etc.

Masc.　celui-ci　*this one*　　ceux-ci　*these*
　　　　celui-là　*that one*　　ceux-là　*those*

Fem.　celle-ci　*this one*　　celles-ci　*these*
　　　　celle-là　*that one*　　celles-là　*those*

Quel livre? Celui-ci?—Non, celui-là.
Which book? This one?—No, that one.

Montrez-moi votre voiture.—C'est celle-là.
Show me your car.—It is that one.

Apportez d'autres assiettes. Celles-là sont trop petites.
Bring some other plates. Those are too small.

§47　The Possessive pronoun, *le mien, le sien, le nôtre,* etc.

	Singular		Plural	
mine	le mien	la mienne	les miens	les miennes
yours	le tien	la tienne	les tiens	les tiennes
his, hers	le sien	la sienne	les siens	les siennes
ours	le (la) nôtre		les nôtres	
yours	le (la) vôtre		les vôtres	
theirs	le (la) leur		les leurs	

Examples:
Voici ton chapeau. Où est le mien? *Where is mine?*
Voici nos valises. Où sont les vôtres? *Where are yours?*
J'ai ma voiture et Charles a la sienne. *Charles has his.*

§48
Quelqu'un, *some one, somebody,* e.g. J'attends quelqu'un.
Quelques-un(e)s, *some, a few:*
Y a-t-il des poissons? Oui, il y en a quelques-uns.

Chaque (adjective), *each,* e.g. chaque jour; chaque personne.
Chacun, f. **chacune** (pronoun), *each* or *each one:*
Chacun doit montrer son passeport.
Chacun de ces appartements. *Each of these flats.*
Chacune de nos chambres. *Each of our rooms.*

Miscellaneous

§49   Notes on some prepositions

A sometimes translates *in*:

à la campagne, *in the country*   au soleil, *in the sun*

aux champs, *in the fields*   à l'ombre, *in the shade*

A is used in expressing distance from:

Notre village se trouve à six kilomètres de Niort.

De

D'un côté, *on one side*   de l'autre côté, *on the other side*.

De often expresses *by*:

suivi de, *followed by*   entouré de, *surrounded by*

accompagné de, *accompanied by*

But when something is done actively by an agent, one uses **par**:

Il fut arrêté par un gendarme.

Elle a été mordue par un chien.

De often expresses *with*:

couvert de neige, *covered with snow*

rempli d'eau, *filled with water*

But when one is expressing something done with an object, one uses **avec**:

Je l'ai coupé avec mon canif.

I cut it with my penknife.

Il le frappa avec un marteau.

He hit it with a hammer.

Avant, *before* (time or order):

Avant six heures.   *Before six o'clock.*

Il est arrivé avant moi.   *He arrived before me.*

Devant, *before, in front of* (position): devant la maison.

Après. Après moi. Après quatre heures.

To mark the expiry of time, the French make great use of **au bout de,** *at the end of*:

Au bout d'une heure il est revenu.

After an hour he returned.

Au bout d'un mois il reprit son travail.

After a month he resumed his work.

Pendant, *during*

Pendant translates *for*, expressing duration of time:
J'ai été malade pendant plusieurs jours.
Cela a continué pendant des heures.

For pre-arranged time limit, one uses **pour**:
Nous sommes ici pour quinze jours.
Le patron est sorti pour une heure.

§50   Time by the clock

12.30	Il est midi (minuit) et demi.
3.30	Il est trois heures et demie.
5.15	Il est cinq heures et quart.
6.45	Il est sept heures moins le (un) quart.
9.10	Il est neuf heures dix.
10.40	Il est onze heures moins vingt.

Note the agreement:
Il est six heures et demie.
Je reste une demi-heure.

Other useful expressions:
At 7 a.m.   A sept heures du matin.
At 9 p.m.   A neuf heures du soir.
About five o'clock { Vers cinq heures.
{ A cinq heures environ.

§51   Days of the week

lundi	mercredi	vendredi
mardi	jeudi	samedi
		dimanche

lundi matin, *Monday morning*; samedi soir, *Saturday evening*
dimanche prochain, *next Sunday*; mardi dernier, *last Tuesday*
tous les vendredis, *every Friday*
Venez me voir lundi.   *Come and see me on Monday.*

§52   Seasons, months, dates

In spring, au printemps.
In summer (autumn, winter), en été (automne, hiver).

LES MOIS

janvier	mars	mai	juillet
février	avril	juin	août

168

septembre	octobre	novembre	décembre

in September { au mois de septembre
en septembre

DATES

le premier mars
le deux février, le quatorze juillet, etc.
le huit octobre; le onze novembre
Nous partons le 12 avril.   *We leave on April 12.*
Il arrive le 20 juin.   *He arrives on June 20.*

L'ANNÉE

1974   mil neuf cent soixante-quatorze
dix-neuf cent soixante-quatorze
In 1945:   en dix-neuf cent quarante-cinq.

§53   Expressions of time

tous les jours (mois, ans), *every day (month, year)*.
la semaine dernière, *last week*; la semaine prochaine, *next week*
l'an dernier
l'année dernière } *last year*   l'an prochain
l'année prochaine } *next year*

Combien de temps restez-vous?
How long are you staying?

Il y a un mois, *a month ago.*
Que faites-vous le matin (le soir)?
What do you do in the morning (in the evening)?

La nuit on n'entend rien.
At night one hears nothing.

Nous partons dans une heure.   (*in an hour's time*)
Vous pouvez y aller en trois heures.   (*time taken*)

J'ai travaillé pendant deux heures.
Nous sommes ici pour trois jours.

Ce jour-là il sortit de bonne heure.   (*That day . . .*)
Ce soir-là il rentra tard.   (*That evening . . .*)

§54

Il fait chaud (froid).   *It is warm (cold).*
Il fait beau.   *It (the weather) is fine.*
Il fait mauvais temps.   *The weather is bad.*

Il fait du brouillard.   *It is foggy (misty).*
Il fait du vent.   *It is windy.*
Il pleut, *it is raining*; il pleuvait; il a plu.
Il neige, *it is snowing*; il neigeait.
Il fait jour.   *It is light.*
Il fait nuit.   *It is dark.*

§ 55   Expressions made up of *avoir* + noun (*avoir peur,* etc.)
J'ai chaud (froid).   *I am warm (cold).*
J'ai faim.   *I am hungry.*
J'ai soif.   *I am thirsty.*
J'ai peur.   *I am afraid.*
J'ai raison.   *I am right.*
J'ai tort.   *I am wrong.*
J'ai besoin de . . .   *I have need of . . . , I need . . .*
Avoir lieu, *to take place* :
Cela a lieu à Grenoble.
Quel âge avez-vous ?—J'ai seize ans.

§ 56   Countries, towns
To or *in* with feminine names of countries is **en** :
Nous allons en France.
Leur fille est en Angleterre.

From is **de** :
Ce train vient d'Italie.

To or *in* with names of towns is **à** :
Je vais à Lille.   *I am going to Lille.*
Ils sont à Paris.   *They are in Paris.*
A ticket to Bordeaux.   Un billet pour Bordeaux.

From with names of towns is **de** :
Cet avion vient de Rome.

§ 57   Inhabitants; language
les Français, *the French, French people.*
Un Français, *a Frenchman*; une Française, *a Frenchwoman.*
Je suis Anglais. { *I am English.*
                 { *I am an Englishman.*

Parlez-vous français?
Vous parlez bien (le) français.
Vous connaissez bien le français.

Numbers

11	onze	42	quarante-deux
12	douze	50	cinquante
13	treize	51	cinquante et un
14	quatorze	52	cinquante-deux
15	quinze	60	soixante
16	seize	61	soixante et un
17	dix-sept	62	soixante-deux
18	dix-huit	70	soixante-dix
19	dix-neuf	71	soixante et onze
20	vingt	72	soixante-douze
21	vingt et un	80	quatre-vingts
22	vingt-deux	81	quatre-vingt-un
30	trente	82	quatre-vingt-deux
31	trente et un	90	quatre-vingt-dix
32	trente-deux	91	quatre-vingt-onze
40	quarante	92	quatre-vingt-douze
41	quarante et un	100	cent

125	cent vingt-cinq
300	trois cents
350	trois cent cinquante
1000	mille
5000	cinq mille

Ordinal numbers

1st	premier (*f.* -ière)	7th	septième
2nd	deuxième	8th	huitième
	second(e)	9th	neuvième
3rd	troisième	10th	dixième
4th	quatrième	11th	onzième
5th	cinquième	12th	douzième
6th	sixième	20th	vingtième

Neuf sur dix. *Nine out of ten.*
Des centaines de voitures. *Hundreds of cars.*
Des milliers de fleurs. *Thousands of flowers.*
80 kilomètres à l'heure. *80 kilometres an hour.*

VERB FORMS

INFINITIVE	PRESENT	PERFECT PLUPERFECT
	Être, avoir	
être, *to be*	je suis nous sommes tu es vous êtes il est ils sont IMPERATIVE: sois! soyons! soyez! PRES. PARTICIPLE: étant	j'ai été j'avais été
avoir, *to have*	j'ai nous avons tu as vous avez il a ils ont IMPERATIVE: aie! ayons! ayez! PRES. PARTICIPLE: ayant	j'ai eu j'avais eu
	Parler, finir, vendre	
parler, *to speak*	je parle nous parlons tu parles vous parlez il parle ils parlent IMPERATIVE parle! parlons! parlez!	j'ai parlé j'avais parlé
finir, *to finish*	je finis nous finissons tu finis vous finissez il finit ils finissent	j'ai fini j'avais fini
vendre, *to sell*	je vends nous vendons tu vends vous vendez il vend ils vendent	j'ai vendu j'avais vendu
	Irregular Verbs	
aller, *to go*	je vais nous allons tu vas vous allez il va ils vont IMPERATIVE va! allons! allez!	je suis allé(e) j'étais allé(e)

VERB FORMS

IMPERFECT	PAST HISTORIC		FUTURE CONDITIONAL	VERBS SIMILARLY CONJUGATED
j'étais	je fus tu fus il fut	nous fûmes vous fûtes ils furent	je serai je serais	
j'avais	j'eus tu eus il eut	nous eûmes vous eûtes ils eurent	j'aurai j'aurais	
je parlais	je parlai tu parlas il parla	nous parlâmes vous parlâtes ils parlèrent	je parlerai je parlerais	donner, porter, regarder, etc.
je finissais	je finis tu finis il finit	nous finîmes vous finîtes ils finirent	je finirai je finirais	choisir, remplir, réussir, etc.
je vendais	je vendis tu vendis il vendit	nous vendîmes vous vendîtes ils vendirent	je vendrai je vendrais	attendre, entendre, répondre, etc.
j'allais	j'allai		j'irai j'irais	

VERB FORMS

INFINITIVE	PRESENT		PERFECT PLUPERFECT
s'en aller, *to go away*	je m'en vais tu t'en vas il s'en va nous nous en allons vous vous en allez ils s'en vont	IMPERATIVE va-t'en! allons-nous-en! allez-vous-en!	je m'en suis allé(e) je m'en étais allé(e)
s'asseoir, *to sit down*	je m'assieds tu t'assieds il s'assied nous nous asseyons vous vous asseyez ils s'asseyent	IMPERATIVE assieds-toi! asseyons-nous! asseyez-vous!	je me suis assis(e) je m'étais assis(e)
battre, *to beat*	je bats tu bats il bat	nous battons vous battez ils battent	j'ai battu j'avais battu
boire, *to drink*	je bois tu bois il boit	nous buvons vous buvez ils boivent	j'ai bu j'avais bu
conduire, *to lead, to drive*	je conduis tu conduis il conduit	nous conduisons vous conduisez ils conduisent	j'ai conduit j'avais conduit
connaître, *to know*	je connais tu connais il connaît	nous connaissons vous connaissez ils connaissent	j'ai connu j'avais connu
courir, *to run*	je cours tu cours il court	nous courons vous courez ils courent	j'ai couru j'avais couru
craindre, *to fear*	je crains tu crains il craint	nous craignons vous craignez ils craignent	j'ai craint j'avais craint

VERB FORMS

IMPERFECT	PAST HISTORIC	FUTURE CONDI-TIONAL	VERBS SIMILARLY CONJUGATED
je m'en allais	je m'en allai	je m'en irai je m'en irais	
je m'asseyais	je m'assis tu t'assis il s'assit nous nous assîmes vous vous assîtes ils s'assirent	je m'assiérai je m'assiérais	
je battais	je battis	je battrai je battrais	
je buvais	je bus	je boirai je boirais	
je conduisais	je conduisis	je conduirai je conduirais	construire, produire, traduire, and others
je connaissais	je connus	je connaîtrai je connaîtrais	reconnaître, paraître, disparaître
je courais	je courus	je courrai je courrais	
je craignais	je craignis	je craindrai je craindrais	plaindre, joindre, éteindre, and others

INFINITIVE	PRESENT		PERFECT PLUPERFECT
croire, *to believe,* *to think*	je crois tu crois il croit	nous croyons vous croyez ils croient	j'ai cru j'avais cru
cueillir, *to gather,* *to pick*	je cueille tu cueilles il cueille	nous cueillons vous cueillez ils cueillent	j'ai cueilli j'avais cueilli
devoir, *to owe,* *to have to*	je dois tu dois il doit	nous devons vous devez ils doivent	j'ai dû j'avais dû
dire, *to say, to tell*	je dis tu dis il dit	nous disons vous dites ils disent	j'ai dit j'avais dit
dormir, *to sleep*	je dors tu dors il dort	nous dormons vous dormez ils dorment	j'ai dormi j'avais dormi
écrire, *to write*	j'écris tu écris il écrit	nous écrivons vous écrivez ils écrivent	j'ai écrit j'avais écrit
envoyer, *to send*	j'envoie tu envoies il envoie	nous envoyons vous envoyez ils envoient	j'ai envoyé j'avais envoyé
faire, *to do, to make*	je fais tu fais il fait	nous faisons vous faites ils font	j'ai fait j'avais fait
falloir, *to be necessary*	il faut		il a fallu il avait fallu
lire, *to read*	je lis tu lis il lit	nous lisons vous lisez ils lisent	j'ai lu j'avais lu

VERB FORMS

IMPERFECT	PAST HISTORIC	FUTURE CONDITIONAL	VERBS SIMILARLY CONJUGATED
je croyais	je crus	je croirai je croirais	
je cueillais	je cueillis	je cueillerai je cueillerais	
je devais	je dus	je devrai je devrais	
je disais	je dis	je dirai je dirais	
je dormais	je dormis	je dormirai je dormirais	s'endormir, servir, sentir
j'écrivais	j'écrivis	j'écrirai j'écrirais	décrire
j'envoyais	j'envoyai	j'enverrai j'enverrais	
je faisais	je fis	je ferai je ferais	
il fallait	il fallut	il faudra il faudrait	
je lisais	je lus	je lirai je lirais	

INFINITIVE	PRESENT		PERFECT PLUPERFECT
mettre, *to put*	je mets tu mets il met	nous mettons vous mettez ils mettent	j'ai mis j'avais mis
mourir, *to die*	je meurs tu meurs il meurt	nous mourons vous mourez ils meurent	il est mort il était mort
ouvrir, *to open*	j'ouvre tu ouvres il ouvre	nous ouvrons vous ouvrez ils ouvrent	j'ai ouvert j'avais ouvert
partir, *to depart*	je pars tu pars il part	nous partons vous partez ils partent	je suis parti(e) j'étais parti(e)
plaire, *to please*	je plais tu plais il plaît	nous plaisons vous plaisez ils plaisent	j'ai plu j'avais plu
pleuvoir, *to rain*	il pleut		il a plu il avait plu
pouvoir, *to be able*	⎰ je peux ⎱ je puis tu peux il peut	nous pouvons vous pouvez ils peuvent	j'ai pu j'avais pu
prendre, *to take*	je prends tu prends il prend	nous prenons vous prenez ils prennent	j'ai pris j'avais pris
recevoir, *to receive*	je reçois tu reçois il reçoit	nous recevons vous recevez ils reçoivent	j'ai reçu j'avais reçu
rire, *to laugh*	je ris tu ris il rit	nous rions vous riez ils rient	j'ai ri j'avais ri

VERB FORMS

IMPERFECT	PAST HISTORIC	FUTURE CONDITIONAL	VERBS SIMILARLY CONJUGATED
je mettais	je mis	je mettrai je mettrais	permettre, promettre, remettre
il mourait	il mourut	je mourrai je mourrais	
j'ouvrais	j'ouvris	j'ouvrirai j'ouvrirais	couvrir, découvrir, offrir
je partais	je partis	je partirai je partirais	sortir
je plaisais	je plus	je plairai je plairais	déplaire
il pleuvait	il plut	il pleuvra il pleuvrait	
je pouvais	je pus	je pourrai je pourrais	
je prenais	je pris	je prendrai je prendrais	apprendre, comprendre, surprendre, reprendre
je recevais	je reçus	je recevrai je recevrais	apercevoir
je riais	je ris	je rirai je rirais	sourire

INFINITIVE	PRESENT		PERFECT PLUPERFECT
savoir, to know	je sais tu sais il sait	nous savons vous savez ils savent	j'ai su j'avais su
	IMPERATIVE: sache! sachons! sachez! PRES. PARTICIPLE: sachant		
sortir, to go (come) out	je sors tu sors il sort	nous sortons vous sortez ils sortent	je suis sorti(e) j'étais sorti(e)
suivre, to follow	je suis tu suis il suit	nous suivons vous suivez ils suivent	j'ai suivi j'avais suivi
se taire, to be (become) silent	je me tais tu te tais il se tait	nous nous taisons vous vous taisez ils se taisent	je me suis tu(e) je m'étais tu(e)
tenir, to hold	je tiens tu tiens il tient	nous tenons vous tenez ils tiennent	j'ai tenu j'avais tenu
venir, to come	je viens tu viens il vient	nous venons vous venez ils viennent	je suis venu(e) j'étais venu(e)
vivre, to live	je vis tu vis il vit	nous vivons vous vivez ils vivent	j'ai vécu j'avais vécu
voir, to see	je vois tu vois il voit	nous voyons vous voyez ils voient	j'ai vu j'avais vu
vouloir, to wish, to want	je veux tu veux il veut	nous voulons vous voulez ils veulent	j'ai voulu j'avais voulu

IMPERFECT	PAST HISTORIC		FUTURE CONDITIONAL	VERBS SIMILARLY CONJUGATED
je savais	je sus		je saurai	
			je saurais	
je sortais	je sortis		je sortirai	partir
			je sortirais	
je suivais	je suivis		je suivrai	poursuivre
			je suivrais	
je me taisais	je me tus		je me tairai	
			je me tairais	
je tenais	je tins tu tins il tint	nous tînmes vous tîntes ils tinrent	je tiendrai je tiendrais	retenir, contenir
je venais	je vins tu vins il vint	nous vînmes vous vîntes ils vinrent	je viendrai je viendrais	revenir, devenir
je vivais	je vécus		je vivrai	
			je vivrais	
je voyais	je vis		je verrai	revoir
			je verrais	
je voulais	je voulus		je voudrai	
			je voudrais	

Verbs in *er* with certain peculiarities

a) In verbs ending in **-ger** (e.g. manger), the **g** is softened to **ge** before **o** or **a**:

nous mangeons; je mangeais; il mangea.

In verbs ending in **-cer** (e.g. commencer), the **c** is softened to **ç** before **o** or **a**:

nous commençons; je commençais; il commença.

b) Verbs like **acheter, lever** require **è** before mute endings. **Appeler** and **jeter** open the **e** by doubling the consonant. **Répéter, espérer,** etc., change **é** to **è** before mute endings, but in the future the **é** stands:

j'achète	j'appelle	je jette	je répète
tu achètes	tu appelles	tu jettes	tu répètes
il achète	il appelle	il jette	il répète
nous achetons	nous appelons	nous jetons	nous répétons
vous achetez	vous appelez	vous jetez	vous répétez
ils achètent	ils appellent	ils jettent	ils répètent
j'achèterai	j'appellerai	je jetterai	je répéterai

c) Verbs in **-oyer** (e.g. employer, nettoyer) and those in **-uyer** (e.g. essuyer, ennuyer) change **y** to **i** before mute endings. In the case of verbs ending in **-ayer** (essayer, payer) the change is optional:

j'emploie	j'essuie	j'essaie or j'essaye, etc.
tu emploies	tu essuies	
il emploie	il essuie	
nous employons	nous essuyons	
vous employez	vous essuyez	
ils emploient	ils essuient	
j'emploierai	j'essuierai	

Note that **envoyer,** *to send,* has an irregular future: j'enverrai.

Vocabulary
French–English

a

abattre, to pull (knock) down
une abeille, bee
un abord, approach
l'aboiement, barking
aborder, to get ashore
aboyer, to bark
abréger, to cut short
un abri, shelter, cover; **à l'abri de,** sheltered from
abriter, to shelter
accaparer, to secure, to 'bag'
accoster, to come ashore (alongside)
accoudé, leaning
accourir, to run (dash) up
accrocher, to catch, get caught up with
accueillir, to greet, receive
s'acharner, to attack, go for
acheter, to buy; **un acheteur,** purchaser
actuellement, now, at this moment
l'addition (*f.*), bill
admettre, to admit
s'adosser à, to lean (back) against
à l'adresse de, meant for; **s'adresser à,** to apply to
une affaire, affair, business; **les affaires,** business; things, stuff; **avoir affaire à,** to (have to) deal with
affamé, famished, hungry
s'affermir, to (become) steady
s'affoler, to get excited; **affolé,** panic-stricken
l'agacement (*m.*), irritation
un agent, policeman
agir, to act; **il s'agit de,** it is a question of

agiter, to wave; **agité** (*sea*), rough
ah çà! dear me!
ahuri, flabbergasted
aigu, shrill
une aile, wing
ailleurs, elsewhere
aimable, pleasant, nice
ainsi, thus, in this (that) way; **pour ainsi dire,** so to speak
un air, air, look; **avoir l'air,** to look, seem
ajouter, to add
les alentours, surroundings
s'aligner, to be lined up, strung out
les alizés, trade winds
allègrement, gaily, merrily
l'Allemagne (*f.*), Germany
s'en aller, to go away, leave; **allez!** go on! come now!
s'allonger, to lengthen, grow longer
allumage; la clef d'allumage, ignition key
allumer, to light
une allure, rate, speed
alors, then; well then; **alors que,** when, whereas
amarrer, to moor, tie up
amener, to bring
l'amitié (*f.*), friendship
un âne, donkey
angoissant, alarming
une annonce, advertisement
une anse, cove, inlet
les antennes (*f.*), feelers
apercevoir, to perceive, see, notice
un apéritif, aperitive, appetiser
apparaître, to appear
un appareil, camera; apparatus
un appartement, apartment, flat
appartenir, to belong
les applaudissements, applause

apporter, to bring
apprendre, to learn; to
  teach; to find out
(s')approcher, to approach;
  approché, near
appuyer, to lean; to press;
  appuyé, leaning
d'après, according to
un arbuste, shrub
une arête, ridge
arracher, to snatch; to
  pull (tear) out
arranger, to arrange,
  fix up
un arrêt, stop
s'arrêter, to stop
l'arrière (*m.*), back, stern;
  en arrière, back(wards)
arriver, to arrive; to
  happen; **arriver à**
  (faire), to manage to
  (do); **il m'arrive de**
  (faire), I happen to (do)
articuler, to get out
  (words)
une aspérité, jagged place
assaillir, to assail, attack
un assaut, assault
assez, enough; fairly,
  rather; **j'en ai assez,**
  I've had enough
une assiette, plate
l'assistance (*f.*), audience
assister à, to be present
  at, to witness
s'assombrir, to darken
assuré, insured
une attache, fastening, clip
atteindre, to reach
attendre, to await, wait
  for; to expect; **en**
  attendant, meanwhile
attendri, softened
attirer, to attract, draw
attraper, to catch
l'aube (*f.*), daybreak
un aubergiste, innkeeper
aucun (+ne), none, not
  one; **sans aucun doute,**
  without any doubt
au-dessous de, below

au-dessus de, above
auprès de, close to
aussitôt, at once, forthwith;
  aussitôt que, as soon as
un autobus, bus
autour de, round, around
autrement, otherwise
en aval, downstream
avaler, to swallow
en avance, before time
avancer, to advance, go
  forward
avant, before; **avant de**
  (faire), before (doing);
  en avant, forward;
  l'avant, front, bows;
  l'avant-garde, vanguard,
avertir, to warn, **un**
  avertissement, warning
aveugler, to blind
un avion, aircraft
un avis, opinion; notice
avouer, to confess

b

la baie, bay
bâillonné, gagged
le bain, bath, bathe
baiser, to kiss
baisser, to lower
la balustrade, rails
le banc, seat, form; (*fishing*)
  bank
la bande, band, belt, strip; **la**
  bande, gang
la baraque, booth
la barbe, beard; **barbu,**
  bearded (man)
la barque, (*fishing*) boat
le barrage, weir
la barre, tiller
la barrière, (*farm*) gate
le bas, stocking
  bas, *f.* **basse,** low; **tout bas,**
  in a low voice; **les**
  bas-quartiers, slums;
  en bas, at the bottom;
  à bas du lit, out of bed
basculé, tipped over

la **bataille,** battle
le **bâtiment,** building
le **bâton,** stick
le **battement,** beating, fluttering
battre, to beat; **battre en
retraite,** to beat a retreat;
se battre, to fight; **une
pluie battante,** pouring
rain
bavarder, to chatter, gossip
beau, *f.* **belle,** beautiful,
fine, handsome; **vous avez
beau demander,** even if
you ask; **vous avez beau
crier,** it's no good your
shouting
le **beau-frère,** brother-in-law
bée; bouche bée, open-
mouthed
belge, Belgian
le **bénéfice,** profit
la **berge,** (*high*) bank
le **besoin,** need; **avoir besoin
de,** to need
la **bête,** animal, creature; **bête**
(*adj.*), silly, stupid
la **bêtise,** silly thing, nonsense
la **bibliothèque,** library
bien, well, **en bien!** well!
faire du bien, to do good
bigrement, jolly well
le **billet,** ticket; (*bank*) note
bizarre, strange, quaint
blanc, *f.* **blanche,** white;
blanchâtre, whitish;
blanchi à la chaux,
whitewashed
le **blé,** corn
blessé, hurt, wounded
la **blouse,** overall, smock
le **bois,** wood
la **boîte,** box
boiter, to limp
le **bond,** bound; **se lever d'un
bond,** to jump up
bondir, to leap
le **bonheur,** good fortune, good
luck
le **bonhomme,** fellow, chap
la **bonne,** maid
le **bord,** side, edge; **au bord du**

trottoir, by the kerb; **à
bord de,** on board
bordé, lined
la **botte,** boot
le **boucher,** butcher
la **bouffée,** breath; puff, whiff
bouger, to move
la **bougie,** candle
bourdonner, to hum, sing
le **bout,** end; **au bout d'un
mois,** after a month; **à
bout de bras,** at arm's
length
la **boutique,** (*small*) shop
le **bouton,** button; knob
braquer, to level, aim
le **bras,** arm; **à bras-le-corps,**
hand to hand
la **brèche,** breach, hole
la **Bretagne,** Brittany
la **bride,** bridle
briller, to shine, gleam
la **brique,** brick
briser, to break, smash
le **brocanteur,** second-hand
dealer
brodé, embroidered
la **brouette,** wheelbarrow
le **brouhaha,** din, uproar
le **brouillard,** mist, fog
brouter, to browse, graze
le **bruit,** noise, sound
brûler, to burn
brusque, sharp, sudden,
quick
bruyant, loud, noisy
le **buisson,** bush
le **bureau,** office; desk
le **but,** goal
le **buveur,** drinker

C

le **cabaret,** tavern, pub
la **cabine,** cabin, box
le **cabinet,** study; **les
cabinets,** toilets
cacher, to hide, conceal
çà et là, here and there;
hither and thither

le **cadran,** dial
le **caillou,** pebble, stone
la **caisse,** till
le **camion,** lorry, truck
la **camionnette,** van
le **canard,** duck
candidement, innocently
le **caniche,** poodle
la **canne,** (*walking*) stick
le **canoë,** canoe; **faire du canoë,** to canoe
le **canot,** (*small*) boat
le **caoutchouc,** rubber
le **cap,** cape, headland
le **capot,** bonnet (*of car*)
la **carlingue,** cockpit
le **carnet,** book (*of tickets,* etc.)
à **carreaux,** check
le **carrefour,** crossroads
carrément, bluntly
la **carte,** map
le **carton,** box
le **cas,** case
la **case,** hut, cabin
la **casquette,** cap
se **casser,** to break; **cassé,** broken, cracked
à **cause de,** because of
causer, to chat
céder, to yield, give way
la **ceinture,** belt, ring
la **cendre,** ash(es)
la **centaine,** hundred
cependant, however
cesser, to cease, stop
le **chacal,** jackal
chacun, each (one)
la **chaire,** teacher's desk
le **champ,** field; à **travers champs,** across country
la **chance,** luck
le **chant,** singing
chanter, to sing; **faire chanter,** to blackmail;
le **chanteur,** singer
le **chardon,** thistle
charger, to load; se **charger de,** to undertake, take on
la **chasse d'eau,** lavatory cistern

chasser, to drive away
le **châtelain,** owner of the château
la **chaussée,** roadway
le **chef,** chief, leader, master; le **chef-lieu,** chief town
le **chemin,** road, way
chercher, to seek, look for; to get, fetch; **chercher à (faire),** to try to (do)
la **chevelure,** hair
les **cheveux,** hair
la **cheville,** ankle
le **chiffre,** figure, amount
choisir, to choose
le **choix,** choice
la **chose,** thing; **quelque chose,** something; **parler de choses et d'autres,** to talk about one thing and another
le **chou,** cabbage
la **chouette,** barn owl
le **ciel,** sky, heaven
la **cigale,** cicada
circonspect, circumspect, wary
le **citoyen,** citizen
clair, clear, light, bright; le **clair de lune,** moonlight; **clairement,** clearly
la **clarté,** light, glimmer
le **client,** customer
cochère; la porte-cochère, main entrance
le **cochon,** pig
le **cœur,** heart
la **coiffe,** head-dress, bonnet; **coiffé de,** wearing (on the head)
le **coin,** corner, little place
la **colère,** anger, temper
la **colline,** hill
la **colonne,** column
colorer, to colour
commander, to order
comme, as, like; as it were; **comme pour,** as though to; **comme ci, comme ça,** so so

commettre, to commit

le commissaire, (*police*) superintendent

la compagne, companion

compatissant, compassionate, pitying

le compatriote, fellow countryman

le complet, (*man's*) suit

le compte, account; **sur votre compte,** about you; **se rendre compte,** to realize

compter, to count, reckon; to rely; to expect

le comptoir, counter

la concierge, doorkeeper

le conciliabule, private (secret) talk

condamner, to convict

le conducteur, driver

conduire, to lead; to take; to drive

le conduit auditif, ear passage

le conférencier, lecturer

la confiture, jam

le confrère, colleague

la connaissance, consciousness; **les connaissances,** knowledge

le connaisseur, connoisseur, expert

connaître, to know; **se connaître en,** to be an expert in

conseiller, to advise

consentir, to consent

considérer, to consider; to look at

constamment, constantly

constater, to verify, establish

construire, to construct, build

contact; mettre le contact, to switch on

les contes de fées, fairy stories

se contenter de, to be content with, make do

with; **il se contente de sourire,** he merely smiles

contenir, to contain

conter, to relate, tell

contigu, adjoining, next

contrarier, to vex, annoy

contre, against; **à contre-cœur,** unwillingly

la contrebande, smuggling; **passer en contrebande,** to smuggle

contredire, to contradict

le contrôleur, ticket inspector

convaincre, to convince

convenable, decent

convenir, to suit; **convenu,** agreed

le copeau, shaving

le coquillage, shell-fish

le cordon, chord, door-pull

la cornemuse, bagpipe

corner, to hoot

en cornet, trumpet-wise

le cortège, procession

la côte, coast

le côté, side; direction; **à côté,** close at hand; **à côté de,** beside; **de côté,** aside; sideways; **de ce côté,** in that direction, that way; **de l'autre côté,** on the other side

le coton, cotton (wool)

le cou, neck; **elle se jette à mon cou,** she throws her arms round me

la couche, layer

coucher, to sleep, spend the night; **se coucher,** to go to bed; **couché,** in bed; lying

le coude, elbow

le couloir, passage, corridor

le coup, blow, stroke; tap, knock; **d'un coup,** at a stroke, with one sweep; **du coup,** now at last; **tout à coup,** suddenly; **tout d'un coup,** all of a sudden; **un coup d'œil** glance

la **cour,** yard, playground
couramment, fluently
le **courant,** current
courbé, bent
courir, to run; **entrer en
courant,** to run in
au **cours de,** in the course of
la **course,** errand, call
la **courtoisie,** courtesy
le **couteau,** knife
coûter, to cost
la **coutume,** custom
couvrir, to cover; **couvert,**
covered
se **cramponner,** to cling,
hold on
crayeux, (of) chalk
la **crevette,** shrimp, prawn
le **cri,** cry, shout
crier, to shout, call out
la **croisée,** casement, window
croiser, to cross; to pass
croissant, increasing
la **croûte,** rind
cru, crude, unshaded
en **crue,** swollen, in spate
le **cuir,** leather
la **cuisine,** kitchen; **la
cuisinière,** cook
la **culotte,** breeches
le **curieux,** bystander,
sightseer

d

d'abord, at first, first of all
daigner, to deign,
condescend
d'ailleurs, moreover,
besides
débarquer, to disembark,
land
débarrasser, to cut away;
se **débarrasser de,** to
get rid of
se **débattre,** to struggle
debout, standing; se
mettre debout, to get
to one's feet
le **début,** start, beginning

le **débutant,** beginner
la **déchéance,** decline, decay
déchirer, to tear, rend;
la **déchirure,** tearing
décider, to decide; se
décider à, to make up
one's mind to
découvrir, to discover;
la **découverte,** discovery
décrocher, to unhook,
take down
défendre, to defend; to
forbid; **défendu,**
forbidden; **à mon corps
défendant,** under
protest; la **défense,**
prohibition
défiler, to pass by; le
défilé, procession,
march past
le **dégât,** damage
(en) **dehors,** out, outside
déjà, already
déjeuner, to (have) lunch;
to have breakfast; le
déjeuner, lunch,
midday meal; le petit
déjeuner, breakfast
délabré, delapidated,
tumble-down
le **délit,** crime, offence; en
flagrant délit, in the
act, red-handed
la **demande,** request
la **demeure,** dwelling, abode;
demeurer, to remain,
stay
à **demi,** (by) half; le
demi-tour, about turn
démoniaque, devilish
démonté, flustered,
deflated
la **dent,** tooth; les **dents
serrées,** teeth clenched
dépasser, to go past
se **dépêcher,** to hurry (up)
dépendre, to depend
se **déplacer,** to move
déposer, to put down,
dump
en **dépôt,** in store

depuis, since, for
déranger, to disturb, trouble
dériver, to drift
dérouter, to puzzle, nonplus
dès, at, as early as; **dès que,** as soon as
descendre, to go (come) down; to get off (a vehicle); **descendre à un hôtel,** to stay at a hotel
désespéré, desperate
se déshabiller, to undress
desserrer, to loose, take off (*brake*)
en dessous, underneath
dessus, on top, on it
le destinataire, addressee
détrempé, sodden, water-logged
la détresse, distress
par devant, in front; **prendre les devants,** to lead the way
devenir, to become
deviner, to guess, surmise
dévisager, to stare at
devoir, to owe; **devoir (faire),** to have to (do); **le devoir,** duty
que diable! what the devil!
(le) Dieu, God
différer, to defer, hold up
diminuer, to diminish, lessen
le dîner, dinner; **dîner,** to have dinner
le directeur, director, manager; (*school*) headmaster
la direction, direction; management
diriger, to direct; to aim; to steer; **se diriger vers,** to make for
discuter, to argue
disparaître, to disappear
la disposition, arrangement
se disputer, to quarrel

distinguer, to distinguish, make out
distrait, absent-minded; **distraitement,** absent-mindedly, idly
la distribution, (*postal*) delivery
le dogue, mastiff
le doigt, finger
le domaine, domain, home
dommage; c'est dommage, it is a pity
donc, therefore; so, then; **dites donc!** I say!
donner sur, to give on to, overlook
dont, of which
dormir, to sleep
le dos, back
le dossier, back (*of chair*)
la douane, Customs; **le douanier,** Customs officer
doucement, gently, quietly
la douleur, pain, sorrow; **douloureusement,** sorrowfully
le doute, doubt; **sans doute,** very likely; **douter,** to doubt; **se douter de,** to suspect; **douteux,** doubtful
la douzaine, dozen
le drap, sheet
dresser, to raise, put up; **se dresser,** to stand (sit) up
la drogue, drug(s)
droit, right; straight; **à droite,** to the right; **le droit,** right
drôle, funny
dû; il a dû sortir, he must have gone out; **j'aurais dû (faire),** I ought to have (done)
dur, hard, harsh
durer, to last
je dus (faire), I had to (do)

e

écarter, to move aside, swing back
échapper, to escape; to slip (away)
une échelle, ladder; un échelon, rung
un éclair, flash
éclaircir, to clear up, solve; une éclaircie, clearing
éclairer, to light up; to give a light
éclater, to burst, break out
les économies, savings
s'écouler, to pass, go by; écoulé, past, gone by
un écran, screen
écraser, to crush, squash
s'écrier, to exclaim, call out
un écriteau, notice
l'écriture (f.), writing
un écueil, reef
effacer, to wipe (blot) out; to do away with
effectivement, in fact
en effet, indeed, in fact
s'efforcer, to try, attempt
effrayer, to frighten, scare
égaré, lost, off course
un égout, sewer
s'élancer, to dash forward
élever, to breed, raise
s'éloigner, to move (get) away; éloigné, distant, faraway
s'embarquer, to embark; l'embarquement, embarcation
embêtant, annoying, a nuisance
embrasser, to kiss
une embrasure, recess
émerveillé, wonderstruck
emmener, to take (away)
l'émoi (m.), excitement
s'émouvoir, to be moved (excited); émouvant, exciting, thrilling

empêcher, to prevent, stop
un emplacement, site
un emploi, job
empoigner, to seize, grab
emporter, to carry off
encore, still, yet
l'encre, ink; un encrier, inkwell
s'endormir, to go to sleep
un endroit, place, spot
enfermer, to shut up (in)
enfiler, to put (pull) on
enfoncer, to push (thrust) in
s'engager, to start; engagé, caught
s'engouffrer dans, to rush in
enlever, to take off, remove
l'ennui (m.), trouble
s'ennuyer, to be bored; ennuyé, annoyed, bored
l'enseignement (m.), teaching
ensemble, together
ensuite, then, afterwards
entassé, piled up
entendre, to hear; se faire entendre, to be heard; j'entends dire que ... I hear that ...
entourer, to surround
entraîner, to lead (drag) away
entre, between, among
une entrée, entrance; la porte d'entrée, front door
entretemps, meanwhile
entrevoir, to glimpse
entr'ouvrir, to open a little; entr'ouvert, half open, ajar
envahir, to invade
une envie, desire, inclination; avoir envie de (faire), to feel inclined to (do)
environ, about
s'envoler, to fly away, take wing

envoyer, to send
épais, *f.* épaisse, thick;
    s'épaissir, to thicken
une épaule, shoulder
un épicier, grocer; une
    épicerie, grocer's shop
épier, to spy, watch
une épingle, pin
épouvantable, frightful
éprouver, to feel,
    experience
épuisé, exhausted
escalader, to climb (over)
un escalier, stairs, staircase
un escargot, snail
escroquer, to swindle
un Espagnol, Spaniard
espérer, to hope
un esprit, mind; en esprit,
    in my mind's eye
un essai, try, attempt
un essaim, swarm, host
essayer, to try
l'essence (*f.*), petrol
essoufflé, out of breath
une étable, cowshed
établir, to establish; un
    établissement,
    establishment
un étage, floor, storey; sans
    étage, on one floor
un étalage, stall
un étang, pool
un état, state, condition;
    l'Etat, the State
éteindre, to extinguish,
    put out; s'éteindre, to
    go out
étendre, to spread (out)
étincelant, flashing, alight
une étoile, star
s'étonner, to be surprised;
    étonné, surprised;
    l'étonnement, surprise,
    astonishment
étouffer, to stifle, be
    stifled
étourdi, stunned
étrange, strange
étranger, foreign; un
    étranger, foreigner

étrangler, to strangle
un être, person
une étreinte, grip
étroit, narrow
l'étude, study; étudier, to
    study; un étudiant,
    student
évadé, escaped
l'Evangile, the Gospel
s'éveiller, to wake up
un événement, event,
    happening
éviter, to avoid
s'exalter, to enthuse, grow
    exalted
s'excuser, to apologize, be
    sorry
un exemplaire, copy
exiger, to require, demand;
    une exigence, demand,
    requirement
une expérience, experiment
expliquer, to explain
exposé, exhibited
exprès, on purpose
exprimer, to express
un extincteur, extinguisher

f

la fabrique, factory, plant
la façade, front
en face de, facing, opposite;
    faire face à, to face
la façon, way, fashion
le facteur, postman
faible, weak, faint
failli; j'ai failli (tomber),
    I nearly (fell)
de fait, indeed, in fact; tout à
    fait, quite, altogether
la falaise, cliff
il fallait, it was necessary;
    il me fallut (faire), I
    had to (do)
fané, faded
la fanfare, fanfare; brass band
la fantaisie, fantasy, whim
fassiez; vous fassiez, you
    (should) make

la **faute**, fault, mistake
le **fauteuil**, armchair
fébrilement, feverishly
la **fée**, fairy
la **femme de chambre**, maid
la **ferme**, farm; le **fermier**, farmer; la **fermière**, farmer's wife
fermer, to close; to lock (up); **fermer la marche**, to bring up the rear
féroce, fierce, ferocious
le **fêtard**, reveller
le **feu**, fire; (traffic) light; **feu!** fire!
la **feuille**, leaf; sheet (*of paper*)
feuilleter, to look through (*a book*)
fiche; je m'en fiche, I don't care a rap
la **figure**, face
se **figurer**, to imagine; **figurez-vous que . . .** just think that . . .
le **fil**, thread
la **file**, file, line
filer, to run away, clear off
le **filet**, net
finir, to finish; **finissez-en!** have done with it!
la **firme**, firm
fixement, fixedly; **regarder fixement**, to stare at
fixer du regard, to stare at, look hard at; **fixé**, fixed, not set
flairer, to smell, scent, sniff at
flâner, to wander about
la **flaque**, pool, puddle
flatteur, flattering
le **fleuve**, (*great*) river
le **flocon**, flake
la **foi**, faith; **ma foi!** upon my word!
la **fois**, time; **à la fois**, at the same time
la **folie**, madness, absurdity
folle (*f.* of **fou**), mad, crazy
le **fond**, bottom; background; **au fond**, in actual fact; **au fond de**, deep in; at the end of; on the far side of
la **force**, force, strength; **de toutes ses forces**, with all his might; **à force de (faire)**, by dint of (doing)
forcer, to force, compel
le **fort**, fort; **fort** (*adj.*), strong; (*adv.*) very
fortune; un pont de fortune, makeshift bridge
fou, *f.* **folle**, mad, crazy; le **fou**, madman, fool
fougueux, spirited, full of mettle
fouiller, to search
la **foule**, crowd, mob
la **fourmi**, ant
le **fourneau**, stove
fournir, to furnish, supply
le **foyer**, fireplace
frais, *f.* **fraîche**, fresh
franchir, to get over, clear
frapper, to hit, strike, rap
le **frein**, brake
frénétique, frenzied
fripé, worn, shabby
frisé, curly
le **frisson**, rustling, soughing
les **fruits de mer**, shell-fish
fuir, to flee
la **fuite**, flight
la **fumée**, smoke
le **fusil**, gun

g

la **gaffe**, boathook
le **gagne-pain**, livelihood
gagner, to earn; to gain, win; to reach
le **gamin**, youngster, kid
le **gant**, glove; **ganté**, gloved, with gloves
garde; un homme de garde, guard; **prendre garde**, to take notice
garder, to keep
le **gardien**, attendant

garni de, furnished with
le **gars,** lad
gâté, decayed
le **gâteau,** cake
gauche, left
il **gèle,** it is freezing
la **gendarmerie,** constabulary
le **genou,** knee; **se mettre à genoux,** to kneel
le **genre,** kind, sort
les **gens,** people; **les jeunes gens,** young fellows
le **geste,** gesture
le **gigot de mouton,** leg of mutton
le **gîte,** resting place; lair
le **givre,** hoarfrost
la **glace,** mirror; (*car*) window
glacé, freezing, bitterly cold
glacial, chill, very cold
glisser, to slip, slide; to steal (through); **se glisser,** to slide, creep
grâce! mercy! for pity's sake!
le **gradin,** step, tier
la **graisse,** grease
grandir, to grow
gratter, to scratch, scrape
gravir, to climb
grec, Greek
la **grève,** strike
griffonner, to scribble
grimper, to climb (up)
le **grincement,** grating, grinding
grincer, to creak, grate
gris, grey
grisonnant, greying
le **grognement,** grunt, growl
le **grondement,** growling, rumbling
gros, *f.* **grosse,** big; **le gros,** main body
le **gué,** ford
guère (+ne), hardly, scarcely
la **guerre,** war
guetter, to keep watch
la **gueule,** (*animal's*) mouth
la **guirlande,** festoon, long line

h

habillé, dressed
une **habilleuse,** (*theatre*) dresser
habiter, to live (in); **un habitant,** inhabitant
les **habits,** clothes
une **habitude,** habit
la **haie,** hedge
le **hangar,** shed
le **hasard,** chance, luck; **par hasard,** by chance; **hasarder,** to risk
en **hâte,** in haste, hurriedly; **hâter,** to hasten; **hâter le pas,** to hurry on
hausser, to raise
haut (*adj.*), high; (*adv.*) loudly; **en haut de,** to (at) the top of; **à leur hauteur,** level with them
une **heure,** hour, time; **tout à l'heure,** just now
heureux, happy; **heureusement,** fortunately, luckily
hisser, to hoist
hocher la tête, to shake (nod) the head
le **homard,** lobster
honte; avoir honte, to be ashamed
hors de, out of
une **hôtesse,** hostess
une **huître,** oyster
hurler, to bawl, shout

i

ignorer, not to know
une **île,** island
il y a une heure, an hour ago
immobile, motionless, still
s'impatienter, to get impatient
un **imperméable,** raincoat, mac
impoli, rude;

l'impolitesse, rudeness
n'importe quoi, anything
imprévu, unforeseen
imprudent, unwise,
  foolish
inattendu, unexpected
s'incliner, to bow
un inconnu, stranger
inconsidéré, thoughtless,
  careless
un inconvénient,
  disadvantage, objection
incroyable, incredible
indécis, undecided,
  hesitant
un indigène, native
s'indigner, to be indignant
indiquer, to indicate,
  show, point out
indiscutable,
  unquestionable
inégal, unequal
inlassablement,
  unwearyingly,
  continuously
innombrable,
  countless
une inondation, flood(ing)
inouï, unheard of
inquiet, worried, anxious;
  inquiéter, to worry;
  s'inquiéter, to get
  worried; to trouble,
  bother; l'inquiétude,
  anxiety
inscrire, to inscribe, enter
insensé, crazy, very silly
insolite, unusual
s'installer, to install (settle)
  oneself
s'intéresser à, to be
  interested in
interloqué, nonplussed,
  caught out
l'interpellé, person
  addressed
interroger, to question,
  interroger du regard,
  to watch
s'introduire, to enter, come
  into

inutile, useless
un invité, guest
irrité, angry; s'irriter, to
  get angry
ivre, drunk

j

la jambe, leg
le jambon, ham
le jardinet, little garden
jaune, yellow
la jetée, jetty, pier
jeter, to throw (away);
  jeter un coup d'œil, to
  cast a glance, have a look
le jeton, counter, chip
le jeu, game; faites vos jeux!
  lay your bets!
la joue, cheek
le jour, day, daylight; au
  petit jour, at first light;
  il fait jour, it is light;
  de nos jours, in our day
la journée, day
juger, to judge, consider
jurer, to swear
jusqu'à, as far as, until;
  jusque dans, right into;
  jusqu'ici, up till now,
  hitherto
juste (adv.), just; juste
  (adj.), right, exact; le
  juste, righteous man
de justesse, barely, only just
la justice, justice; courts;
  passer en justice, to
  come up in court

k

la klaxonnade, hooting

l

là-bas, over there
lâcher, to loose, lose
laid, ugly, unattractive
laisser, to let, allow;

laisser tomber, to drop
la lame, roller, billow
lancer, to throw
la langue, tongue; language
large, wide, broad; **le large,** open sea
la larme, tear
las, *f.* **lasse,** weary
laver, to wash
la lecture, reading
léger, light, faint, slight; **à la légère,** lightly; **légèrement,** slightly
le lendemain, next day; **le lendemain matin,** next morning
lent, slow; **lentement,** slowly
lever, to raise; **se lever,** to get up
libre, free
le lieu, place; **avoir lieu,** to take place; **au lieu de,** instead of
la ligne, line
lire, to read; **lisant,** reading
le lit, bed
livrer, to deliver; **se livrer à,** to indulge in, go in for
la loge, *(doorkeeper's)* lodge; *(theatre)* dressing room
loger, to lodge, stay
loin, far (away); **au loin,** a long way off, in the distance; **plus loin,** farther
le long de, along; **de long en large,** up and down
longer, to go along
longtemps, long, a long time
longuement, for a long time
la longueur, length
loqueteux, tattered
louer, to hire
lourd, heavy, sultry
la lucarne, skylight
la lueur, glimmer, gleam, glint

luisant, gleaming
la lumière, light
la lune, moon
les lunettes, *(f.)* spectacles
la lutte, struggle; **lutter,** to struggle, fight

m

machinal, mechanical
la machine à écrire, typewriter
le magasin, *(large)* shop, store
maigre, thin
mal, badly; **le mal,** pain, hurt, harm
malade, ill, sick
malencontreux, unfortunate, unlucky
malgré, in spite of
malpropre, dirty; **la malpropreté,** filthiness
la Manche, English Channel
le manège, roundabout
la manière, manner, way
manifester, to show, exhibit
la manigance, fiddle, sharp practice
le manoir, manor house
manquer, to be lacking; to miss; **je ne manquerai pas de,** I shall not fail to
se maquiller, to make up *(one's face)*
le marchand, merchant, dealer
marchander, to bargain for
la marche, walk, walking; step, stair; **mettre en marche,** to set going; **se mettre en marche,** to move off; **fermer la marche,** to come last
le marché, market; **bon marché,** cheap; **faire le marché,** to do the shopping
marcher, to walk; to go (well)
la mare, pond
la marée, tide

le **mari,** husband
le **marin,** sailor
la **marque,** make
le **massif,** clump
le **mât,** mast
le **matelot,** sailor
maussade, surly, sullen
mauvais, bad
le **mécano,** mechanic
méchant, naughty; wicked, nasty
mécontent, displeased
le **meilleur,** best
se **mêler à,** to mix with; se **mêler de,** to get involved with
même (*adj.*), same; (*adv.*) even; le **jour même,** the very day; **tout de même,** all the same
menacer, to threaten
ménagements; sans ménagements, roughly
mener, to lead
le **menton,** chin
la **mer,** sea; les **fruits de mer,** shell-fish
le **merle,** blackbird
merveilleux, wonderful
à **mesure que,** as (gradually), in proportion as
le **métier,** job
le **métis,** half-caste
mettre, to put; se **mettre à (faire),** to start to (do)
les **meubles** (*m.*), furniture
le **mien,** *f.* la **mienne,** mine
mieux, better; best; je **fais de mon mieux,** I do my best
au **milieu de,** in the middle of
le **mille,** mile
le **millier,** thousand
mince, thin
minime, minimal, very small
minuscule, tiny
la **misère,** poverty
le **moindre,** smallest, slightest
moins, less; à **moins que,** unless

la **moitié,** half; à **moitié plein,** half full
le **monde,** world; people; **tout le monde,** everybody; **il y a du monde,** there are a lot of people
la **monnaie,** change
monter, to go (come) up; to rise; to mount; to get on (*a vehicle*)
la **montre-bracelet,** wrist-watch
se **moquer de,** to make fun of, laugh at
moqueusement, mockingly
le **morceau,** piece, bit
mordre, to bite
la **mort,** death; **mort,** dead; **il était mort,** he had died
le **mot,** word; **placer un mot,** to get in a word
le **moteur,** engine
le **motif,** reason
la **mouche,** fly
le **mouchoir,** handkerchief
se **mouiller,** to get wet; **mouillé,** wet, moistened
la **moule,** mussel
mouvant, moving, shifting
mouvementé, busy
le **mugissement,** roar
le **mulet,** mule
la **municipalité,** town council
muni de, provided with
mûr, ripe, mature
musclé, muscular
le **musée,** museum, art gallery

n

nager, to swim
naïf, naïve, innocent
la **nappe,** table-cloth
le **navire,** ship, boat
navrant, distressing
né, born
néanmoins, nevertheless
la **neige,** snow

net, *f.* **nette,** clear, sharp
ni . . . ni . . . +ne, neither . . .
   nor . . .
la niche, kennel
le nid, nest
nier, to deny
n'importe quoi, anything;
   n'importe où, anywhere
les noces, wedding
le nom, name; **nommer,** to
   name
non plus, either
le nord, north
la note, bill
nouer, to knot, tie
nourrir, to feed
nouveau, *f.* **nouvelle,** new,
   fresh; **de (à) nouveau,**
   again, afresh
la nouvelle, news
noyé, drowned
nu, bare
le nuage, cloud; **nuageux,**
   cloudy
la nuit, night; **il fait nuit,** it
   is dark
nul, *f.* **nulle,** no, none;
   nulle part, nowhere;
   nullement, in no way

o

un objet, object
obligeamment, obligingly,
   kindly
obliquer, to slant, veer
obscur, dark; **l'obscurité**
   (*f.*), darkness
obstruer, to block off, fill
   in
une occasion, occasion,
   opportunity
occuper, to occupy; to
   keep busy; **s'occuper**
   de, to see to, take on;
   occupé, busy
un œil, *pl.* **des yeux,** eye;
   un coup d'œil, glance
un œillet, carnation
offrir, to offer
oisif, idle

une ombre, shadow; darkness
un orage, thunderstorm
un orateur, speaker
une oreille, ear
oser, to dare
ou bien, or else
oublier, to forget
outre, beside, in addition to
un ouvrier, workman;
   ouvrier, *f.* **ouvrière,**
   working-class

p

pagayer, to paddle
la paille, straw
paisible, peaceful, quiet
le palier, landing
palpitant, wavering
la panne, breakdown
le pantalon, trousers
le papillon, butterfly
par, by, through; **par ici,**
   this way
paraître, to appear, look,
   seem
le parapluie, umbrella
parcourir, to go through
pareil, *f.* **pareille,** such;
   alike
le parent, *f.* **la parente,**
   relative
paresseusement, lazily
parfaitement, perfectly
parfois, at times, occasionally
le pari, bet
la parole, word, saying
la part, share; **à part,** apart
   from; **de ma part,** from
   me
en particulier, in particular;
   in private
la partie, part; game; **faire**
   partie de, to be a part of
partout, everywhere; **un**
   peu partout, all over the
   place
parvenir à (faire), to
   manage to (do)
il parut, he appeared

le pas, pace, step, footstep;
  au pas, at a walking pace
passage; livrer passage à,
  to allow to pass
le passager, passenger (*ship
  or aircraft*)
passer, to pass; to spend
  (time); se passer, to
  happen; une rue
  passante, a busy street
passionnant, exciting
le patron, proprietor, boss;
  la patronne, proprietress
la patte, paw
la paupière, eyelid
le pays, country
la paysanne, peasant woman
la pêche, fishing; pêcher, to
  fish (for)
le pécheur, sinner
le pêcheur, fisherman
la peine, trouble, difficulty;
  à peine, hardly, scarcely
le peintre, painter, artist; la
  peinture, paint(ing)
pêle-mêle, pell-mell,
  topsy-turvy
la pelouse, lawn
se pencher, to lean (bend)
  over; penché, leaning
pendant, during, for;
  pendant que, while
pendre, to hang
la pendule, clock
pénétrer, to penetrate; to
  enter
pénible, hard, difficult;
  péniblement, painfully,
  with difficulty
la péniche, barge
penser, to think; pensif,
  thoughtful
pension; prendre pension,
  to board; le pensionnaire,
  boarder, lodger
le pépiement, twittering
perçant, shrill
se percher, to perch
perdre, to lose, waste
permettre, to permit, allow
le perroquet, parrot

la personne, person;
  personne + ne, nobody
peu, little, few; peu à peu,
  little by little, gradually;
  à peu près, (just) about
le peuple, (*ordinary*) people
la peur, fear; avoir peur, to
  be afraid; peureux,
  timid, nervous
le pharmacien, chemist
le photographe, photographer
la physique, physics
la pièce, room; la pièce
  d'artillerie, gun, cannon
la pierre, stone; pierreux,
  stony
le piéton, pedestrian
la pile, pile
pincer, to pinch
piqué, stuck in; stung
la piste, (*race*) track
la place, place, job; seat;
  room, space; square (*in
  town*); sur place, on the
  spot
placer, to place; placer un
  mot, to get in a word
le plafond, ceiling
se plaindre, to complain
plaisanter, to joke
le plaisir, pleasure; faire
  plaisir à, to please, be
  nice to
le plancher, floor
se planter, to take one's stand
la plaque, plate
plat, flat; un calme plat,
  dead calm
le plat, dish
le plateau, tray
pleurer, to cry, weep
la pluie, rain
la plupart, most; pour la
  plupart, for the most part,
  mostly
plus, more; de plus en
  plus, more and more;
  plus de doute, no longer
  any doubt; non plus,
  either
plusieurs, several

plutôt, rather, if anything

le pneu, tyre

le poids, weight

la poignée de main, hand-shake

le poignet, wrist

le poing, fist

point +**ne,** not

la poitrine, chest

le polisson, scamp

le pont, bridge

le porc, pig, hog

le port, port, harbour

au port d'armes, at the shoulder arms

la porte, door, gate; **la porte d'entrée,** front door

à portée de, within reach of

le portefeuille, wallet

porter, to carry; to wear

le porte-voix, megaphone

la portière, door (*of a vehicle*)

poser, to place, lay, put; **poser une question,** to ask a question; **se poser,** to alight

posséder, to possess

le poste, (*police*) station

la poste, post (*mail*)

le poteau, post

pouffer de rire, to be convulsed with laughter

pour, for; **comme pour,** as though to; **pour que,** so that, in order that

le pourboire, tip

poursuivre, to pursue, chase

pourtant, yet, however

pourvu que, provided that

pousser, to push; **pousser un cri,** to utter a cry, to shriek

poussiéreux, dusty

la prairie, meadow

précaution; avec précaution, cautiously

se précipiter, to rush

précis, precise, absolutely clear; **se préciser,** to become precise (definite)

premier, first; early; **le**

premier (étage), first floor

prendre, to take; **à tout prendre,** on the whole; **prendre garde,** to take notice

près de, near; **à peu près,** (just) about, practically

présenter, to present, offer; to introduce

presque, nearly, almost

presser, to press; **pressé,** in a hurry; **se presser,** to crowd, throng

prêt, ready

prêter, to lend; **prêter l'oreille,** to listen

prétendre, to claim

le prêtre, priest

la preuve, proof

la prévenance, kind attention

prévenir, to inform, warn

prier, to ask, request

la prise, hold

le prix, price, cost; prize

prochain, next

proche, near, close

se produire, to happen, come about

le produit, product

proférer, to utter, get out

profiter de, to take advantage of

le projecteur, floodlight

le projet, project, plan

promener, to move; **se promener,** to (go for a) walk

le promeneur, walker, stroller

promettre, to promise

le propos, remark; **les propos,** remarks, talk; **à propos,** by the way; **à ce propos,** in this connection

propre, clean; **propre à rien,** good-for-nothing

protéger, to protect

provenir de, to come from

prudemment, carefully

la pudeur, sense of rightness

puisque, since, seeing that

puissant, powerful
je **puisse,** I can, I may be able
punir, to punish
pur, clear

q

le **quartier,** quarter, district,
  area
  quelque, some; **quelques,**
  some, a few; **quelqu'un,**
  somebody; **quelquefois,**
  sometimes
la **queue,** tail; **le wagon de
  queue,** end coach
  quoique, although
  quoi que ce soit, anything

r

  raconter, to relate, tell
  raide, stiff; **raidir,** to
  stiffen; **se raidir,** to pull
  oneself together
  ralentir, to slow down
  ramasser, to pick up, collect
la **rame,** oar; **ramer,** to row
la **rangée,** row
se **ranger,** to move (draw) in;
  rangé, drawn up,
  standing; arranged
se **rappeler,** to remember
  rapporter, to bring back;
  to report
se **rapprocher,** to draw near
  (again)
  rare, rare; sparse, thin,
  scanty; **rarement,** seldom
se **raser,** to shave
le **rassemblement,** parade
  rassurer, to reassure
  rattraper, to overtake
  ravi, delighted; **ravissant,**
  ravishing, very pretty
le **rayon,** ray, beam
  rebrousser chemin, to
  retrace one's steps
le **récepteur,** receiver
le **receveur,** (*bus*) conductor;
  ticket inspector

  recevoir, to receive
  **rechange; des parties de
  rechange,** spare parts
les **recherches,** searching
la **réclamation,** complaint
  réclamer, to claim
le **recoin,** nook, corner
  reconduire, to accompany,
  to see off
la **reconnaissance,**
  recognition
  reconnaitre, to recognize
se **recoucher,** to go back to
  bed
  recourir, to have recourse
  recouvrir, to re-cover
le **reçu,** receipt
  reculer, to retreat, draw
  back
  rédiger, to write down,
  record
  refermer, to reclose
  réfléchir, to reflect, think,
  ponder
le **reflet,** reflection
le **reflux,** ebb-tide
  regagner, to regain, get
  back to
le **regard,** look, glance;
  chercher du regard,
  to look for; **interroger
  du regard,** to watch
  regarder fixement, to
  stare at, look hard at;
  cela me regarde, that
  is my concern
  régler, to settle
  régner, to reign; **il règne,**
  there reigns
à **regret,** regretfully
la **reine,** queen
  rejoindre, to join, get to
la **réjouissance,** rejoicing,
  festivity
se **relever,** to get up (again)
  remarquer, to notice
  rembourser, to pay back
  remercier, to thank; **les
  remerciements** (*m.*),
  thanks
  remettre, to hand (over);

se remettre à (faire), to resume (doing)
remonter, to go (walk) up
les remords (*m.*), remorse
les remparts (*m.*), (city) walls
remuer, to move (about); to wag
la rencontre, encounter
rencontrer, to meet, come across
le rendez-vous, appointment, meeting
se rendormir, to go to sleep again
rendre, to render; **se rendre,** to go; **se rendre compte,** to realize
renoncer (à), to renounce, give up
le renseignement, (piece of) information; **aller aux renseignments,** to make enquiries
se renseigner, to get information; to find out (about)
la rentrée, return
rentrer, to go (come) back, come home, return; **rentrer la voiture,** to put the car in
renverser, to knock down
reparaître, to reappear
la réparation, repair
repartir, to set off again
repasser, to go over again
se repentir, to repent
repérer, to spot
replié, folded (drawn) back
répliquer, to reply
reprendre, to resume, go on
la représentation, performance
la reprise, resumption; **à plusieurs reprises,** several times
la répugnance, dislike, aversion
la requête, request, question
résolu, resolved, determined
résonner, to resound, ring

respirer, to breathe
ressembler (à), to resemble, be like
le resserrement, closing in
le ressort, spring
se rétablir, to get going again
en retard, late
retenir, to hold back, detain
retirer, to withdraw, take out; **se retirer,** to withdraw, retire
retomber, to hang (down)
le retour, return
retourner, to go back; to turn inside out; **se retourner,** to turn (look) round
la retraite, retreat; **battre en retraite,** to beat a retreat
le rétroviseur, driving-mirror
réunir, to collect, call together
réussir, to succeed
réveiller, to waken, rouse
revendre, to sell
revenir, to come back, return
le rhume, cold
ridé, wrinkled
le rideau, curtain
rigolo (*slang*), funny
de rigueur, obligatory, essential
rire, to laugh; **riant,** laughing; **le rire,** laugh, laughter
se risquer à (faire), to risk (doing)
le rivage, shore
la rive, bank (*of river*)
la rivière, river
la robe de chambre, dressing gown
le rocher, rock
rôder, to prowl
le rôle, part, function
le roman, novel
romanesque, romantic
rond, round
le ronflement, snoring
rougi, reddened

le **roulement,** roll
rouler, to roll; to travel,
  drive; (*conversation*) to turn
**roulettes; comme sur des
  roulettes,** like clockwork
rouvrir, to open again
roux, red-haired
la **ruelle,** lane, alley-way
la **ruée,** rush

s

sachant, knowing; **sachez,**
  (you must) know
sain, healthy, wholesome
saisir, to seize, grasp
sale, dirty, filthy
la **salle,** room, hall
le **salon,** drawing-room
saluer, to salute, greet; to
  wish someone good day
la **santé,** health
satisfaire, to satisfy
sauf, save, except for
le **saule,** willow
**saurait; il ne saurait
  être . . .** it cannot be . . .
sauter, to jump; **sauter en
  parachute,** to bale out
se **sauver,** to run away
savant, skilful
scintillant, glistening
scolaire, (of) school
la **séance,** sitting, session
le **seau,** bucket, pail
sec, sharp
secouer, to shake (off)
le **secours,** help
la **secousse,** jolt, jerk
le **sein,** bosom; **au sein de;**
  in the bosom (lap) of
le **séjour,** stay
selon, according to
semblable, like, similar
sembler, to seem
semer, to scatter
sensiblement, perceptibly
le **sentier,** path
sentir, to feel
**sérieux; prendre au
  sérieux,** to take seriously

serpenter, to wind
serré, dense, closely packed
serrer, to grip, squeeze;
  je lui serre la main, I
  shake hands with him
la **serrure,** lock
sert (*verb* servir); **à quoi
  sert . . .** what is the use
  of . . .
**service; il prend son
  service,** he comes on duty
servir, to serve; **servir de,**
  to serve as; **se servir de,**
  to use
seul, alone; only, single;
  seulement, only
sidéré, dumbstruck
le **sien,** *f.* **la sienne,** his, hers
sifflant, whistling, hissing;
  le sifflement, whistling
signaler, to signal, report
signifier, to signify, mean
la **silhouette,** figure
le **sillage,** wake
la **S.N.C.F.,** French State
  Railways
soigner, to care for, to nurse
le **soin,** care
soit! all right! very well!
le **sol,** ground
le **soldat,** soldier
le **soleil,** sun
solennel, solemn
solide, strong
sombre, dark, gloomy
sommaire, quick, short
la **somme,** sum
le **sommeil,** sleep; **avoir
  sommeil,** to be sleepy;
  sommeiller, to sleep
le **son,** sound; music
songer, to dream; to think
sonner, to ring, chime
sortir, to go (come) out; to
  take out
le **souci,** trouble, care, worry;
  soucieux, worried,
  careworn
soudain, sudden; (*adv.*)
  suddenly
souffler, to blow; to breathe

souffrir, to suffer; to permit, allow; **souffrant,** unwell

soulagé, relieved

le **soulier,** shoe

souligner, to underline, stress

se **soumettre,** to submit

soupçonner, to suspect; **soupçonneux,** suspicious

le **soupir,** sigh; **soupirer,** to sigh

souple, supple

sourd, deaf; muffled, low

sourire, to smile

le **sous-marin,** submarine

le **sous-officier,** N.C.O.

soutenir, to support

se **souvenir (de),** to remember; le **souvenir,** memory

stationner, to stand; to be halted

subir, to undergo

subit, sudden

succulent, juicy, tasty

suer la misère, to reek of poverty

suffire, to suffice, be sufficient

la **Suisse,** Switzerland

suivre, to follow; **suivant,** following; according to

supplier, to entreat, implore

sûr, sure safe; **bien sûr!** to be sure! **sûrement,** surely

la **surdité,** deafness

sur-le-champ, at once, on the spot

le **surlendemain,** the second day after

surmonter, to surmount, overcome

surprendre, to surprise

sursauter, to give a start

surtout, above all, especially

surveiller, to watch, supervise

survoler, to fly over

t

le **tableau,** picture; table

la **tache,** spot, stain

tâcher, to try

le **tailleur,** tailor; (*woman's*) suit, costume

se **taire,** to be silent, say nothing

le **talus,** bank, slope

le **tambour,** drum

tandis que, whilst, whereas

tant, so much (many); **tant que,** as much as

tantôt . . . tantôt . . . , sometimes . . sometimes . . . ; now . . . now . ; .

taper, to tap; to type

le **tapis,** carpet

la **tapisserie,** tapestry

tard, late

tarder, to linger, be long; **il ne tardera pas à revenir,** he will soon be back

la **tartine,** slice (of bread)

le **tas,** heap; (*of people*) crowd(s)

la **tasse,** cup

le **teint,** complexion

tel, *f.* **telle,** such; **tellement,** so, to such an extent

le **témoignage,** testimony, evidence

la **tempête,** storm

le **temps,** time; weather; **en même temps,** at the same time; **de temps en temps,** from time to time

tendre, to hold out; **tendu,** outstretched; tense

les **ténèbres** (*f.*), darkness, gloom

tenez! here! look here!

tenir, to hold (out); to keep (*a shop*); **tenir à (faire),** to be anxious to (do); **tenir bon,** to hold (sit) tight; **se tenir (debout),** to stand

tenter, to try, attempt
le terme, end
le terrain, ground
la terrasse, terrace (*open air part of a café*)
la terre, earth, ground; **les terres** (*farm*), ground, land; **par terre,** on (to) the ground
terrestre, earthly
la tête, head; **se mettre en tête,** to take it into one's head
le thé, tea
tiens! here! look!
timidement, shyly
tirer, to pull, draw; to take out; to fire (*gun*)
le titre, title
la toile, canvas, picture
le toit, roof
tomber, to fall; (*light*) to stream in
le ton, tone
la tonne, ton (1000 kilos)
le tonnerre, thunder
tordre, to twist
tôt, early
le tour, turn; trick; stroll; **à mon tour,** in my turn; **faire le tour de,** to go round
tourbillonnant, swirling
se tourmenter, to worry
le tournant, turning
la tournée, tour, round
tourner, to turn; to swing round; **se tourner vers,** to turn to
tout à coup, suddenly; **tout à l'heure,** just now; **tout de suite,** at once; **tout d'un coup,** all of a sudden; **pas du tout,** not at all
toutefois, anyhow
en train de (faire), in the act of (doing)
trainer, to drag
le trait, feature
traiter, to treat

tranquille, quiet, at ease; **soyez tranquille!** don't worry! **tranquillement,** calmly, quietly
les transports, thrills, rapture
à travers, across, through
la traversée, crossing, voyage
traverser, to cross; to walk across (through)
tremper, to soak
trépigner, to stamp
tressaillir, to start, give a start
la tricherie, deceit, trickery, fiddle
triste, sad
la trompe, hooter
se tromper, to be mistaken
le trottoir, pavement; **au bord du trottoir,** by the kerb
le trou, hole
trouver, to find; **se trouver,** to be situated
tuer, to kill
tut; il se tut (*verb* **se taire**), he said nothing
le type, chap

u

usé, worn (out)
une usine, factory

v

le vacarme, din, row
la vache, cow
la vaisselle, crockery; **faire la vaisselle,** to wash up
la valeur, value
la valise, (suit)case
le vapeur, steamer
vaut; ça vaut! a jolly good thing! **cela ne vaut rien,** that is no good
vécu (*verb* **vivre**), lived
la vedette, star (*of film*)
la veille, the day before
le vélo, bike

le vendeur, shop assistant
venir, to come; **où voulez-vous en venir?** what are you driving at? **le nouveau venu,** newcomer; **je viens (venais) de voir,** I have (had) just seen

le vent, wind

la verdure, greenery, growth **véritable,** real

le verre, glass; **prendre un verre,** to have a drink

le verrou, bolt; **verrouiller,** to bolt

le vers, line (*of poetry*); **les vers,** verse, poetry **vers,** towards **verse; il pleut à verse,** it rains in torrents **verser,** to pour; (*money*) to pay in

la veste, (*short*) jacket

le vestibule, (*entrance*) hall

le veston, jacket

les vêtements (*m.*), clothes **vêtu,** dressed

je veux bien, I am (quite) willing **vide,** empty; **vider,** to empty

le vieillard, old man; **le vieillardissime,** very old man

la vieille, old woman **vieillir,** to age, grow old **vif, f. vive,** lively, bright, sharp, quick

la vigne, vine, vineyard **violemment,** violently **violet, f. violette,** purple

la visite, visit; **rendre visite à,** to call on

il vit; (voir) he saw; **il vit (vivre),** he lives

la vitesse, speed; **en vitesse,** quick

la vitre, (window) pane

la vitrine, glass case; shop window **vivant,** living, alive **vivement,** sharply, keenly; strongly **vivre,** to live **voilà! there** you are! **le voilà!** there (here) he is! **voisin,** neighbouring, next; **le voisin,** neighbour

la voiture, car; (*railway*) coach

la voix, voice

le vol, flight; theft **voler,** to fly; to steal; **le voleur,** thief **vouloir dire,** to mean; **voulez-vous (faire)?** will you (do)?

le voyage, journey, travel; **le voyageur,** traveller, passenger **voyons!** come now! **vrai,** true; **vraiment,** truly, really

la vue, sight; **perdre de vue,** to lose sight of

w

le wagon, (*railway*) coach

y

les yeux (*pl.* of **l'œil),** eyes

English—French

a

able; to be able, pouvoir (*irreg.*)
about (= *concerning*), au sujet de; (= *approximately*) environ; *at about 2 o'clock,* vers 2 heures, à 2 heures environ; *I am about to* (*do*), je vais (faire), je suis sur le point de (faire)
abroad, à l'étranger
absent, absent
to accept, accepter
to accompany, accompagner
across, à travers; **to go across,** traverser
addition, l'addition (*f.*)
to admire, admirer
to advance, s'avancer
advertisement, une annonce
afraid; to be afraid, avoir peur
afresh, de nouveau
after, après; au bout de, e.g. au bout d'une heure il est revenu
afternoon, l'après-midi (*m.*)
again, encore, de nouveau; **to start off again,** repartir
age, l'âge (*m.*)
ago; an hour ago, il y a une heure
airman, un aviateur
all, tout, *pl.* tous, *f.* toute(s); **not at all,** pas du tout
to allow, permettre, e.g. je leur permets d'entrer
almost, presque
alone, seul; **all alone,** tout seul
along; to walk along the street, marcher dans la rue
already, déjà
also, aussi
always, toujours

America, l'Amérique (*f.*)
among, parmi
amusing, amusant
ancient, ancien, *f.* ancienne
annoyed, ennuyé
another, un(e) autre
to answer, répondre (*like* vendre)
anything, quelque chose
anxious, inquiet, *f.* inquiète
to apologize, s'excuser
to appear, paraître (*like* connaître)
apple, la pomme
to approach, approcher, e.g. nous approchons de la ville
April, avril (*m.*)
area, la région, le pays
armchair, le fauteuil
around, autour de
to arrest, arrêter
to arrive, arriver (*Perf.* je suis arrivé)
as, comme; **as soon as,** dès que, aussitôt que
to ask, demander; **I ask him to wait,** je lui demande d'attendre; **to ask a question,** poser une question
to assure, assurer; **to assure oneself,** s'assurer
aunt, la tante
autumn, l'automne (*m.*)
to await, attendre (*like* vendre)
away; to go away, s'en aller, partir (*Perf.* je suis parti)
awful, affreux, *f.* affreuse

b

back; to come back, revenir (*Perf.* je suis revenu); **to go back,** retourner (*Perf.* je suis retourné); **to go back into,** rentrer dans (*Perf.* je suis rentré)

bad, mauvais; **badly,** mal
bag, le sac
ball (*football*), le ballon
bank (*money*), la banque
bare, nu
to **bathe,** se baigner; **bathing
  trunks,** le caleçon de bain
battle, la bataille
beach, la plage
beautiful, beau (bel *before a
  vowel*), *f.* belle
because, parce que;
  because of, à cause de
to **become,** devenir (*Perf.* je
  suis devenu)
bed, le lit; **bedroom,** la
  chambre; **to go to bed,** se
  coucher
before (*place*), devant;
  before (*time or order*),
  avant; **before (doing),**
  avant de (faire)
to **begin to (do),** commencer
  à (faire)
behind, derrière
to **believe,** croire (*irreg.*)
bell, la cloche; (*electric*) la
  sonnette, le timbre
bench, le banc
beside, à côté de
besides, d'ailleurs
better (*adv.*), mieux
between, entre
big, grand; (= *bulky*) gros,
  f. grosse
bike, la bicyclette, le vélo;
  on one's bike, en vélo
  (bicyclette)
bit, le morceau; le bout
black, noir
blond, blond
bored; to be bored,
  s'ennuyer
boss, le patron
both, tous les deux, *f.* toutes
  les deux
bottle, la bouteille
boy, le garçon; (*in school*)
  un élève
box, la boîte; (= *case*) la
  caisse

branch, la branche
bread, le pain
breakfast, le petit déjeuner;
  to (have) breakfast,
  déjeuner
bridge, le pont
brilliant, brillant
to **bring** (*a thing*), apporter;
  (*a person*) amener; **to
  bring in,** faire entrer
Brittany, la Bretagne
brute, la brute
building, le bâtiment
to **burn,** brûler
bus (*country*), un autocar, un
  car; **by bus,** en autocar
business, les affaires (*f.*);
  (= *shop*) le commerce
busy, occupé
but, mais
to **buy,** acheter
by, par

c

café, le café
cake, le gâteau (*pl.* -eaux)
to **call,** appeler
to **camp,** camper; **camp,** le
  camp; **camping** *or*
  camping site, le camping
 I **can (go),** je peux (aller)
car, la voiture
to **carry,** porter
cart, la charrette
casino, le casino
cassock, la soutane
to **catch** (*a fish*), prendre; (*a
  train*) prendre
centre, le centre
certain, certain
chair, la chaise
chance, une occasion
to **change,** changer
change (*money*), la monnaie
charming, charmant
to **chat,** causer
château, le château
chauffeur, le chauffeur
cheaper, moins cher

child, un(e) enfant;
childhood, l'enfance (f.)
church, une église
cigar, le cigare
cigarette, la cigarette
city, la ville
class, la classe; **classroom,**
la salle de classe
to **clean,** nettoyer
clear, clair
client, le client
to **climb up,** grimper sur
to **close,** fermer
clothes, les vêtements (m.)
coat, le manteau
coffee, le café
cold, froid
collection, la collection
colonel, le colonel
to **come,** venir (*Perf.* je suis
venu); **to come back,**
revenir (*Perf.* je suis
revenu); **to come down,**
descendre (*Perf.* je suis
descendu); **to come home,**
rentrer (revenir) à la
maison; **to come in,**
entrer (*Perf.* je suis entré);
to come up, monter
(*Perf.* je suis monté); **to
come up** (= *approach*),
s'approcher
**comfortable; I am
comfortable here,** je suis
bien ici
companion, le compagnon
compartment, le
compartiment
condition, la condition
to **continue,** continuer
cook, la cuisinière; **to cook,**
faire la cuisine
corner, le coin
corridor, le corridor, le
couloir
to **count,** compter
counter, le comptoir
country, le pays;
(= *countryside*) la
campagne; **in the
country,** à la campagne

courage, le courage
of **course,** bien entendu,
naturellement
court (*tennis*), le tennis
cousin, le cousin
cow, la vache
creature, la bête
croissant, le croissant
to **cross,** traverser
crowd, la foule
cry, le cri; **to cry** (= *weep*),
pleurer
cup, la tasse
curé, le curé
curious, curieux
curtain, le rideau (*pl.* -eaux)
customer, le client, *f.* la
cliente
to **cut,** couper

d

dad(dy), papa
danger, le danger; **in
danger,** en danger;
dangerous, dangereux
to **dare (to do),** oser (faire)
daughter, la fille
day, le jour, la journée; **the
day before,** la veille; **the
next day,** le lendemain
dead, mort
deal; a great deal,
beaucoup
dealer, le marchand
dear, cher, *f.* chère
death, la mort
to **decide to (do),** décider de
(faire)
delighted to (do), enchanté
de (faire)
dentist, le dentiste
to **depart,** partir (*Perf.* je suis
parti)
departure, le départ
deserted, désert
desk, le pupitre
to **detain,** retenir
detective, le détective
different, différent

difficult, difficile
to dine, dîner
   dining room, la salle à
     manger
   dinner, le dîner
to disappear, disparaître (like
    connaître)
   disappointed, déçu
   dishes; to wash the dishes,
    laver la vaisselle
   dishonest, malhonnête
   distance, la distance
   district (= *area*), la région;
    (*of town*) le quartier
to disturb, déranger
to do, faire (*irreg.*)
   doctor, le docteur, le
    médecin
   dog, le chien
   door, la porte; (*of a vehicle*)
    la portière; **front door,**
    la porte d'entrée
   down; to go (come, get)
    down, descendre (*Perf.*
    je suis descendu)
   dozen, la douzaine;
    half-dozen, la
    demi-douzaine
to drag, traîner
to draw, tirer
to dress, s'habiller
to drink, boire (*irreg.*)
to drive, conduire (*irreg.*); **to**
   drive off, partir
   dry, sec, *f.* sèche
   during, pendant

e

   each, chaque
   early, de bonne heure; tôt
to eat, manger
   edge, le bord; **on the edge**
    of, au bord de
   empty, vide
   end, la fin; **to end,** finir,
    terminer
   England, l'Angleterre (*f.*);
    English, anglais;
    Englishman, un Anglais;
    the English, les Anglais

to enjoy oneself, s'amuser
   enough, assez
to enter, entrer (*Perf.* je suis
    entré)
to escape, s'évader, s'échapper
   especially, surtout
   even, même
   evening, le soir
   every, chaque; **every day,**
    chaque jour, tous les jours,
    everybody, tout le monde;
    everything, tout;
    everywhere, partout
   exactly, exactement, au juste
to examine, examiner
   example, un exemple; **for**
    example, par exemple
   excellent, excellent
to exclaim, s'écrier
   excursion, une excursion
to excuse, excuser; **excuse me,**
    excusez-moi; pardon
to expect, attendre (*like* vendre)
to explain, expliquer
   eye, un oeil, *pl.* des yeux

f

   factory, une usine
   fairly, assez
to fall, tomber (*Perf.* je suis
    tombé)
   false, faux, *f.* fausse
   family, la famille
   famous, célèbre
   far (away), loin
   farm, la ferme; **farmyard,**
    la cour de ferme
   fat, gros, *f.* grosse; (= *flabby*)
    gras, *f.* grasse
   father, le père
to fetch, aller chercher
 a few, quelques; **few,** peu (de)
   field, (*cultivated*), le champ;
    (= *meadow*) le pré, la
    prairie
to fill (in), remplir (*like* finir)
   finally, enfin, à la fin
to find, trouver

fine, beau, *f.* **belle; it (the weather) is fine,** il fait beau

to finish, finir

fire, le feu, *pl.* les feux

at first, first of all, d'abord

fish, le poisson; **fisherman,** le pêcheur; **fishing,** la pêche; **fishing port,** le port de pêche

floor (=*storey*), un étage

flower, la fleur

to follow, suivre (*irreg.*)

fond; to be (very) fond of, aimer beaucoup

football; to play football, jouer au football

for, pour; (= *during*) pendant

foreigner, un étranger

to forget, oublier

fountain, la fontaine

France, la France; **in France,** en France

free, libre

French, français; (*language*) le français; **the French,** les Français

Friday, vendredi (*m.*)

friend, un(e) ami(e); le (la) camarade

frog, la grenouille

from, de; **from house to house,** de maison en maison

in front of, devant; **front door,** la porte d'entrée

frontier, la frontière

funny, amusant, drôle

furious, furieux, *f.* furieuse

furniture, les meubles (*m.*)

g

game, le jeu, *pl.* les jeux

garage, le garage

garden, le jardin

gay, gai

gendarme, le gendarme

generally, généralement

gentleman, le monsieur, *pl.* les messieurs

German, allemand; (*man*) un Allemand; **German** (*language*), l'allemand

to get home, arriver (rentrer) à la maison; **to get in** (*a vehicle*), monter (dans); **to get out,** sortir; (*of a vehicle*) descendre; **to get to,** arriver à; **to get up,** se lever; **to go and get,** aller chercher

gift, le cadeau (*pl.* -eaux)

girl, la jeune fille

to give, donner

glad to (do), content de (faire)

glass, le verre

to go, aller (*Perf.* je suis allé); **to go away,** partir, s'en aller; **to go back,** retourner (*Perf.* je suis retourné); **to go by** (= *pass*), passer; **to go down,** descendre (*Perf.* je suis descendu); **to go off,** s'en aller, partir; **to go in,** entrer (*Perf.* je suis entré); **to go on** (= *happen*), se passer; (= *continue*) continuer, reprendre; **to go out,** sortir (*Perf.* je suis sorti); **to go up,** monter (*Perf.* je suis monté); **to go up to** (= *approach*), s'approcher de

good, bon, *f.* bonne; **good-bye,** au revoir; **good morning,** bonjour

to gossip, bavarder

grandparents, les grands-parents

grass, l'herbe (*f.*)

grocer's (shop). une épicerie

ground floor, le rez-de-chaussée

group, le groupe

guide, le guide

h

half an hour, une
demi-heure
hand, la main
to **happen,** arriver, se
passer
happy, heureux, *f.* heureuse
harbour, le port
hat, le chapeau (*pl.* -eaux)
to **hate,** détester
to **have to (do),** devoir
(faire)
head, la tête
health, la santé
to **hear,** entendre (*like* vendre)
heavy, lourd
to **help to (do),** aider à
(faire)
here, ici; **here is (are),**
voici
to **hesitate,** hésiter
hey! hé!
to **hide,** cacher
high, haut
to **hit,** frapper
to **hold,** tenir (*irreg.*)
hole, le trou
holiday(s), les vacances (*f.*);
on holiday, en vacances
at **home,** à la maison; chez moi
(lui, nous, etc.); **to arrive
(get) home,** arriver à la
maison; **to go (come)
home,** rentrer à la maison;
to come back home,
revenir à la maison
to **hope,** espérer
hot, chaud
hotel, un hôtel
hour, une heure; **half an
hour,** une demi-heure
house, la maison; **at my
house,** chez moi
how, comment; **how long,**
combien de temps; **how
much,** combien
however, cependant
hurry; in a hurry, pressé
to **hurt,** blesser
husband, le mari

i

ice, la glace
idea, une idée
if, si
ill, malade
immediately,
immédiatement; tout de
suite
impatient, impatient
important, important
inhabitant, un habitant
inn, une auberge
intelligent, intelligent
to **intend to (do),** avoir
l'intention de (faire)
interesting, intéressant
to **introduce** (*a person*),
présenter
to **invite to (do),** inviter à
(faire)
Italy, l'Italie (*f.*); **Italian,**
l'Italien, *f.* l'Italienne;
Italian (*language*),
l'italien

j

job, la place, un emploi;
(= *piece of work*) le travail
journey, le voyage
July, juillet (*m.*)
just; I have just (done), je
viens de (faire); **I had just
(done),** je venais de (faire);
just then, à ce moment-là

k

to **keep,** garder
key, la clef
kilometre, le kilomètre
to **kill,** tuer
kiosk, le kiosque
to **kiss,** embrasser
kitchen, la cuisine
to **knock,** frapper
to **know,** savoir (*irreg.*); **to
know** (= *be acquainted
with*), connaître

l

lady, la dame; **ladies**
(*addressing women*),
mesdames
landlord (*of an inn*), le
patron
language, la langue
large, grand
last, dernier, *f.* dernière;
last week, la semaine
dernière; **last night**
(= *yesterday evening*), hier
soir; **at last,** enfin
late, tard; (= *after time*)
en retard; **later,** plus tard
to laugh, rire (*irreg.*);
laughing, riant
lazy, paresseux
to lead, mener
leaf, la feuille
to learn, apprendre (*like*
prendre)
to leave (*place, person*), quitter;
(= *leave behind*) laisser;
(= *depart*) partir
to lend, prêter
less, moins
to let, laisser; **let us go,** allons
letter, la lettre
lieutenant, le lieutenant
life, la vie
to lift (up), soulever
to light, allumer
like, comme
to like, aimer; (= *wish*)
vouloir; **to like (to do),**
aimer (faire)
list, la liste
to listen, écouter
little, petit; (*quantity*) peu;
a little, un peu
to live (in), habiter, e.g. nous
habitons Bordeaux
to lock, fermer à clef
London, Londres
long, long, *f.* longue; **a long
time,** longtemps; **how
long,** combien de temps;
no . . . longer, ne . . .plus
to look (at), regarder; **to look
out of,** regarder par; **to
look for,** chercher; **to look
round,** se retourner; **to
look up,** lever les yeux;
to look (= *appear*) avoir
l'air, e.g. il a l'air content
to lose, perdre (*like* vendre)
lots of, beaucoup de
loud, fort
lovely, beau, *f.* belle;
superbe
lucky; to be lucky, avoir
de la chance
lunch, le déjeuner; **after
lunch,** après déjeuner;
to (have) lunch,
déjeuner

m

magazine, le magazine
main, grand, principal
to make, faire (*irreg.*)
man, un homme
to manage to (do), réussir à
(faire), parvenir à (faire)
market, le marché
master, le maître; (*school*)
le professeur
match, une allumette
matter; what is the matter?
qu'y a-t-il? qu'est-ce qu'il
y a? **what is the matter
with you?** qu'avez-vous?
qu'est-ce que vouz avez?
that doesn't matter, cela
ne fait rien; cela n'a pas
d'importance
mayor, le maire
meadow, la prairie
meal, le repas
I mean, je veux dire
to meet, rencontrer
metre, le mètre
midday, midi
middle, le milieu; **in the
middle of,** au milieu de
minute, la minute
miserable, malheureux
misfortune, le malheur

Miss, mademoiselle
modern, moderne
modest, modeste
moment, le moment, un instant
money, l'argent (*m.*)
morning, le matin; **good morning,** bonjour
most of, la plupart de, e.g. la plupart des élèves
mother, la mère; **Mother,** maman
mouth, la bouche
to **move,** bouger
much, very much, beaucoup; **how much,** combien
must; I must wait, je dois attendre

n

name; what is your name? quel est votre nom? comment vous appelez-vous?
naturally, naturellement
near, près de; **quite near,** tout près
nearly, presque
necessary, nécessaire
to **need,** avoir besoin de
neighbour, le voisin, *f.* la voisine
nephew, le neveu
net, le filet
never, jamais (+ne)
new (= *fresh*), nouveau, *f.* nouvelle; **new** (= *brand new*) neuf, *f,* neuve
newspaper, le journal, *pl.* les journaux
next, prochain, e.g. la semaine prochaine; **the next day,** le lendemain; **the next morning,** le lendemain matin; **next to,** à côté de
nice (*person*), aimable, gentil, *f.* gentille; **nice** (*thing*), joli

night, la nuit; **last night** (= *yesterday evening*), hier soir
nobody, personne (+ne)
noise, le bruit; (= *din*) le tapage
to **notice,** remarquer
now, maintenant
number, le nombre; (*in a series*) le numéro
nut (*hazel*), la noisette

o

obliged to (do), obligé de (faire)
to **obtain,** obtenir (*like* tenir)
obviously, évidemment
to **occupy,** occuper; **occupied,** occupé
off; to set off, partir (*Perf.* je suis parti)
office, le bureau
officer, un officier
often, souvent
old, vieux (vieil *before a vowel*), *f.* vieille
at **once,** tout de suite
onion, un oignon
only, seulement; ne . . . que
to **open,** ouvrir (*irreg.*); *Perf.* j'ai ouvert
opposite, en face
or, ou
orchard, le verger
other, autre
out; to go (come) out, sortir; **to hold out,** tendre (*like* vendre)
over there, là-bas
own, propre, e.g. mes propres mains

p

pace, le pas; **to take a pace,** faire un pas
Pacific, le Pacifique
packet, le paquet

paper, le papier;
(= *newspaper*) le journal,
pl. les journaux
parents, les parents (*m.*)
park, le parc
part, la partie
to **pass,** passer
passer-by, le passant
passport, le passeport
past; half past two, deux
heures et demie
path, une allée
patient, le malade, le client
pavement, le trottoir
to **pay,** payer
pebble, le caillou, *pl.* les
cailloux
pencil, le crayon
penknife, le canif
pension, la pension
people, les gens;
(= *inhabitants*) les
habitants; **a lot of people,**
beaucoup de monde; **few
people,** peu de monde;
several people,
plusieurs personnes
perhaps, peut-être
person, la personne
petrol, l'essence (*f.*)
to **phone,** téléphoner
photograph, la photographie
to **pick,** cueillir (*irreg.*); *Perf.*
j'ai cueilli; **to pick up,**
ramasser
picture, le tableau (*pl.*
-eaux); la toile
pipe, la pipe
pity; what a pity! quel
dommage!
place, un endroit
to **place,** placer
to **play,** jouer
pleasant, agréable; (*person*)
aimable
please, s'il vous plaît
pleased, content
pleasure, le plaisir
plenty of, beaucoup de
pocket, la poche
police, la police

pond (*park*), le bassin; (*in
the country*) la mare
poor, pauvre
port, le port; **fishing port,**
le port de pêche
position, la position
possible, possible
postman, le facteur
potato, la pomme de terre,
pl. les pommes de terre
precipice, le précipice
to **prefer (to do),** préférer
(faire), aimer mieux
(faire)
to **prepare,** préparer
presently, tout à l'heure
previous; the previous day,
la veille
price, le prix
probably, probablement
programme, le programme
to **propose,** proposer
provisions, les provisions (*f.*)
prudent, prudent
public, public, *f.* publique
to **pull,** tirer
pupil, un élève
purse, le porte-monnaie
to **push,** pousser
to **put,** mettre (*irreg.*); **to put
on,** mettre; **to put down,**
déposer

q

quarter, le quart; (= *district*)
le quartier
quay, le quai
question, la question; **to
ask a question,** poser une
question; **it is a question
of,** il s'agit de, il est
question de
to **question,** questionner,
interroger
quickly, vite
quiet, tranquille; **quietly,**
tranquillement
quite, tout à fait

r

racquet, la raquette
to rain, pleuvoir; **it rains**, il
    pleut; **it was raining**, il
    pleuvait
ramble, la promenade
rare, rare
rather, assez
to reach, arriver à
to read, lire (*irreg.*)
ready, prêt
real, vrai; **really**, vraiment,
    réellement
to realize, se rendre compte
reason, la raison
to receive, recevoir (*irreg.*)
to reclose, refermer
to recognize, reconnaître (*like*
    connaître)
reduction, la réduction
to reflect, réfléchir (*like* finir)
to refuse, refuser
relative, relation, le parent,
    f. la parente
to remember, se souvenir (de)
to rent, louer
to repair, réparer
to reply, répondre (*like* vendre)
to rest, se reposer
restaurant, le restaurant
to return, retourner (*Perf.* je
    suis retourné)
ridiculous, ridicule
right, droit; **on (to) the
    right**, à droite, sur la
    droite; **to be right**, avoir
    raison
to ring, sonner
river, la rivière
road, le chemin; (*main*) la
    route; **road** (*in town*), la rue
roll (*bread*), le petit pain
room, la salle; la pièce;
    bedroom, la chambre;
    dining room, la salle à
    manger
round, autour de; **to go
    round**, faire le tour de;
    to turn (look) round, se
    retourner

rude, impoli
to run, courir (*irreg.*); **to run
    over** (= *crush*), écraser

s

sad, triste
same, même; **all the same**,
    tout de même
sand, le sable
Saturday, samedi (*m.*)
to say, dire (*irreg.*)
scamp, le polisson
scarce, rare
school, une école; (= *high
    school*) le collège
sea, la mer
to search (for), chercher
second, second; (*of time*) la
    seconde
to see, voir (*irreg.*)
to seize, saisir (*like* finir)
seldom, rarement
to sell, vendre; **seller**, le
    marchand
to send, envoyer
serious, sérieux, grave
to serve, servir (*like* dormir)
to set off, partir (*Perf.* je suis
    parti)
several, plusieurs (*m. & f.*)
I shake hands with him, je
    lui serre la main
sharply, sèchement
shoe, le soulier
shop (*large*), le magasin;
    (*small*) la boutique
short, court; (*in stature*)
    petit
to shout, crier
to show, montrer; faire voir
sick, malade
side, le côté; **on one side**,
    d'un côté; **at the side of**,
    au bord de
sign, le signe
silly, stupide
single, seul
sister, la sœur

to sit (down), s'asseoir; sitting, assis

to sleep, dormir (*irreg.*); to go to sleep, s'endormir

to slide, se glisser

to slip, glisser

small, petit

to smile, sourire (*like* rire); smiling, souriant

to smoke, fumer

snake, le serpent

so, si; aussi; so (= *therefore*) donc

soldier, le soldat

somebody, some one, quelqu'un; something, quelque chose; sometimes, quelquefois

son, le fils

soon, bientôt; as soon as, dès que, aussitôt que; as soon as possible, aussitôt que possible

sorry; to be sorry, regretter

sort, la sorte

sound, le bruit

south, le sud; the South (of France), le Midi (de la France)

to speak, parler

to spend (*money*), dépenser; (*time*) passer

spot (= *place*), un endroit

spring, le printemps; in spring, au printemps

square (*in town*), la place

stairs, l'escalier (*m.*)

stamp (*postage*), le timbre-poste, *pl.* les timbres-poste; stamp (*for papers*), le tampon

to stand, se tenir; standing, debout

to start off, partir; to start off again, repartir

station, la gare

to stay, rester (*Perf.* je suis resté)

to steal, voler

stern, sévère

still, toujours

to stop, arrêter; the car stops, l'auto s'arrête

story, une histoire

strange, étrange

stream, la rivière

street, la rue

to stroll, to go for a stroll, se promener, faire un tour

strong, fort

stupid, stupide

suddenly, tout à coup, soudain

suitcase, la valise

summer, l'été (*m.*); in summer, en été

sun, le soleil; in the sun, au soleil

Sunday, dimanche (*m.*)

to suppose, supposer

sure, sûr

to surprise, surprendre, étonner; surprised, surpris

Switzerland, la Suisse

t

table, la table

to take, prendre (*irreg.*); to take away, emporter; to take off, enlever, ôter

to talk, parler

tall, grand

taxi, le taxi

tea, le thé

to telephone, téléphoner

television, la télévision

to tell, dire (*irreg.*); (= *relate*) raconter

tennis court, le tennis; to play tennis, jouer au tennis

terrace, la terrasse

terrible, terrible

to thank, remercier; thank you, merci

so that, de sorte que

then, puis; well then, alors

there, y; là; over there, là-bas

thing, la chose; **something,**
quelque chose
to **think,** croire, penser;
(= *reflect*) réfléchir (*like*
finir)
thirsty; to be thirsty, avoir
soif
as **though,** comme si
through, par; à travers; to
walk through, traverser
to **throw,** jeter
thumb, le pouce
ticket, le billet
time, le temps; (= *hour*)
l'heure; (= *occasion*) la
fois; **a long time,**
longtemps; **some time,**
quelque temps
tip, le pourboire
tired, fatigué
today, aujourd'hui
together, ensemble
tomorrow, demain
ton, la tonne
too, trop; (= *also*) aussi
towards, vers
town, la ville; **in (to) town,**
en ville; **Town Hall,**
l'hôtel de ville
train, le train
to **transport,** transporter
to **travel,** voyager
tree, un arbre
trick, le tour; **I play a trick
on him,** je lui joue un tour
trip, la promenade, une
excursion
to **trouble,** déranger
truck, le camion
true, vrai; exact
trunks (*bathing*), le caleçon
de bain
to **try to (do),** essayer de (faire)
turn, le tour
to **turn,** tourner; **to turn
round,** se retourner

u

uncle, un oncle
to **understand,** comprendre

unfortunately,
malheureusement
university, une université
up; to get up, se lever; **to
go up,** monter (*Perf.* je
suis monté); **to pick up,**
ramasser
as **usual,** comme d'habitude;
usually, d'habitude,
généralement

v

villa, la villa
village, le village
to **visit,** visiter
visitor, le visiteur
voice, la voix

w

to **wait,** attendre (*like* vendre)
waiter, le garçon
to **wake up,** s'éveiller, se
réveiller
walk, la promenade; **to go
for a walk,** faire une
promenade
to **walk,** marcher; (*for pleasure*)
se promener, faire une
promenade; **to walk
through,** traverser
wall, le mur
to **want,** vouloir (*irreg.*), désirer
warm, chaud
to **wash,** laver
to **waste,** perdre (*like* vendre)
to **watch,** regarder
water, l'eau (*f.*)
way, le chemin; **on the way,**
en route; **by the way,** à
propos
wealthy, riche
weather, le temps; **it (the
weather) is warm (cold),**
il fait chaud (froid)
week, la semaine
well, bien; **well** (*at
beginning of speech*), eh
bien; **well then,** alors;
he is well, il va bien

what! comment!
wheel, la roue
when, quand, lorsque
where, où
while, pendant que
white, blanc, *f.* blanche
whole, tout(e); entier, *f.* entière
why, pourquoi
widow, la veuve
wife, la femme
will you (do), voulez-vous (faire)
wind, le vent; **it is windy,** il fait du vent
window, la fenêtre
wine, le vin
winter, l'hiver (*m.*); **in winter,** en hiver
to **wish,** vouloir (*irreg.*)
with, avec
without, sans

woman, la femme
to **wonder,** se demander
wonderful, merveilleux, *f.* -euse
wood, le bois
word, le mot
work, le travail; **to work,** travailler
workman, un ouvrier
worried, inquiet, *f.* inquiète; anxieux
to **wound,** blesser
to **write,** écrire (*irreg.*)

y

yard, la cour
year, un an, une année
yesterday, hier
young, jeune; **young men,** les jeunes gens